KB056584

시민 교통
교통학자 조중래의
마지막 인터뷰

시민
교통

교통학자 조중래의 마지막 인터뷰

김상철 전현우 정리

빨간소금

고 조중래 선생님께 드립니다.

차례

교통정책에
시민의 자리는 있는가

김상철

어떤 문제는 너무 일상적이어서 문제인지 모르고 넘어가기도 한다. 교통 문제가 그렇다. 교통 문제를 일으키는 교통환경은 인간이 만들었는데도, 자연환경처럼 주어진 것으로 생각하는 경향이 크다. 교통환경이 여타 인공 환경과 다른 독특함이 있어서가 아니라, 시민의 공적 경험에 '내가 결정할 수 있는 대상'으로 등장한 적이 거의 없어서다. 즉, 교통환경을 만드는 교통정책은 민주주의의 대상이 된 적이 별로 없다. 그도 그럴 것이 한국에서 교통정책은 자동으로 체스를 두는 기계(더 투르크, The Turk)처럼 주어진 조건에서 최적의 대안을 바탕으로 만들어진다고 간주한다. 두꺼운 매뉴얼 북 속 화려한 공식에 조건을 넣으면 결과물이 나온다고 말이다. 교통정책에서 '경제성 분석'이 대표적이다. 그러나 수많은 사람을 패배로 몰아넣었던 '더 투르크'가 사실 톱니바퀴 속에 숨은 사람이 조작한 기계였던 것처럼, 교통정책에서 전가의 보도로 사용하는 경제성 분석은 인위적인 모델에 불과하다.

이 책은 오랫동안 계량적 분석 방법과 시뮬레이션으로 교통 문제를 다뤄왔던 노학자와 함께 경제성 분석 모델이 지닌 논리와 전제, 그리고 편향성을 이야기한다. 이 이야기를 통해 말하고자 하는 것은 경제성 모델은 거짓말이니 하등 쓸모가 없다는 주장이 아니다. 경제성 분석도 하나의 모델이 낳은 결과에 불과하므로 교통정책의 의사결정 과정에는 더 많은 민주주의가 필요하다는 것이다.

경전철에서 확인한 편익 분석의 함정

교통정책에서 경제성 문제는 대개 새로운 교통수단의 건설, 특히 도시철도 신설과정에서 중요하게 다뤄진다. 2000년

대 초반부터 본격화한 도시철도 분야에서의 민간투자사업은 대부분 투자 대비 수익을 전제로 추진되었다. 그래야 민간사업자가 투자금을 회수할 수 있고 중앙정부나 지방자치단체도 사업을 추진할 명분이 생긴다. 하지만 IMF 이후 민간투자사업의 활성화를 목적으로 추진된 용인경전철과 의정부경전철은 처참하게 실패했다. 가능하다는 수익성은 나오지 않았고, 오히려 재정 부담이 더욱 커지는 결과를 낳았다.

두 경전철은 모두 중앙정부가 주도한 사업으로서 중앙정부가 사업자 선정과 시공을, 지방자치단체가 운영을 맡았다. 하지만 1조 원 넘는 민간투자금과 재정을 들여 2013년에 개통한 용인경전철은 해마다 600억 원에 가까운 재정지원금이 지출되었고, 급기야 국토교통부가 자랑스럽게 홍보했던 해외 민간투자사가 용인시를 상대로 국제소송을 제기해 배상금을 물어내기도 했다. 의정부경전철 역시 운행 4년 만에 3,000억 원에 달하는 적자가 발생해 파산 상태에 이르렀다가 의정부시의 추가적인 재정지원으로 겨우 운행을 재개했다.

이상한 일이다. 두 사업 모두 중앙정부가 주도하고 한국개발연구원과 같은 국책연구기관이 경제성을 분석했다. 그런데도 실패했다. 명백한 정책 실패다. 그렇다면 그 뒤에 추진되는 어떤 사업도 신뢰하기 어렵다. 상대적으로 전문성이 떨어질 수밖에 없는 지방자치단체의 자체 추진 사업은 더욱 그렇다고 생각하는 것이 상식적이다. 하지만 민자 경전철 사업은 오히려 늘어났다. 서울시는 2015년 도시철도기본계획에서 8개에 달하는 경전철을 추가로 건설하겠다고 밝혔다.

용인경전철과 의정부경전철의 정책 실패 원인을 규명하는 과정에서 가장 쟁점이 된 것은 경제성 문제였다. 교통수단의 경제성은 그 교통수단을 운영하는 비용과 그 교통수단을 운영함으로써 거두어들일 수입을 견주어 살펴볼 수 있다. 물론 이런 수지 균형에 덧붙여 환경비용이나 파급효과 등의 간접적인 편익과 비용도 견주어 살핀다. 어쨌든 비용편익분석•이라고 부르는 B/C분석(Cost-Benefit Analysis)은 직관적으로 수입과 비용이라는 단순한 수치를 보여준다. 이를테면 경기도 광주시 순환도로 건설을 다루는 2022년 12월 1일 <연합뉴스>의 보도는 "이 도로 건설사업은 국토부 타당성 평가에서 비용편익분석(B/C)이 구간별로 대체로 경제성이 있는 것으로 나왔다. B/C가 1.0 이상이면 경제성이 있는 사업으로 평가된다"••라는 구절로 시

• 비용 액수를 분모로, 편익 액수를 분자로 설정해 들인 비용에 비해 얻을 수 있는 편익이 얼마나 되는지 제시하는 방법. 기업 투자와 공공 투자는 서로 다른 요인을 비용으로 잡아야 한다. '셋째 날'과 '넷째 날'에서 세부 사항을 다룬다.
•• 이우성, "경기 광주시 순환도로 천변 도로 46㎞ 건설…타당성 평가 통과", <연합뉴스>, 2022. 12. 1.

작한다. 들어가는 비용에 비해 나중에 얻게 될 편익이 크면 분자가 분모보다 커지니 1.0이 넘게 되고, 그러면 경제성이 있다고 간주한다는 말이다. 의정부경전철이나 용인경전철도 비용편익분석에서 1.0을 넘었던 사업들이다. 하지만 실제 운영과정에서 경제성이 없는 것으로 나타났다.

비용 편익을 분석할 때 핵심적으로 등장하는 것이 장래의 편익을 결정하는 요소인 '수요 예측'이다. 수요 예측은 새로운 교통수단이 생기면 그것을 이용한다고 예상되는 이용자의 숫자를 가리킨다. 용인경전철은 2002년 국책연구기관인 한국교통연구원에서 수요를 예측했는데, 일일 13만 명이었다. 수지2지구 건설 등으로 폭발적 성장을 경험한 용인시의 인구는 2002년에 50만 명을 넘어섰다. 따라서 일일 13만이라는 수요 예측 규모는 인구 대비 26%, 왕복 수요를 고려하면 13%라고 할 수 있다. 용인경전철이 개통된 2013년 말 용인시 인구가 95만 명으로 2002년에 비해 2배가량 늘었으니, 왕복 수요로 보면 6~7% 정도의 교통수요가 경전철로 잡힌 셈이다. 하지만 실제 수요는 일일 1만 명 수준이었다. 예측 수요 13만 명과 실제 수요 1만 명은 착오라기 보기엔 너무나 격차가 크다.

이런 상황은 의정부경전철도 마찬가지였다. 일일 이용 수요를 8만 명 수준으로 보았지만, 막상 개통하니 1만 명 수준이었다. 노인 무임승차 제도, 수도권 지하철·버스와 환승 체계를 도입해 수요를 최대한 늘렸지만 2017년 1월 기준으로 3만 명 수준에 머물렀다. 애당초 수요 예측에 비하면 절반도 되지 않는다. 재미있는 것은 의정부경전철이나 용인경전철의 실패 원인이 잘못된 수요 예측으로 밝혀졌는데도 바뀐 것이 거의 없다는 점이다. 수요 예측에 기반을 둔 경제성 분석은 '책임지지 않는 절차'였던 셈이다.

수요 예측 방법론이라는 과학적 미신

용인경전철과 관련해서는 여러 번의 지역 시민단체 토론회와 용인시의회 토론회에 참가하면서 최초의 의사결정 과정에서 발생한 문제들, 특히 경제성 분석 방식으로 인한 문제를 평가해야 한다고 강조했다. 특히 인구변화에 따른 수요 예측을 지금처럼 단일한 선형적 분석 방식으로만 접근해서는 안 되고, 실제 사례의 실제 수요를 참조해서 낙관-중립-비관의 세 가지 방식으로 제시할 필요가 있다고 제안했다. 의정부경전철의 경우에는 의정부시의회가 구성한 특별위원회의 자문위원으로 참여해 경기연구원에서 수행한 수요 예측의 원 데이터(Raw Data)와 추정 모델을 검증하자고 했다. 하지만 용인경전철은 국책연구기관의 권위가 대단했고, 의정부경전철은 해당 데이터가 없다는 이야기가 손쉽게 받아들여졌다.

　의정부경전철이나 용인경전철의 실패는 비용을 내는 시민에게 당연히 설명되어야 하고 실패를 반복하지 않도록 고쳐야 하는 문제이다. 그런데도 예상하지 못한 막대한 비용을 추가로 부담하면서 운영하는 실정이다. 이런 과정을 겪으면서 교통수단을 정당화하는 방법으로서 경제성 분석, 특히 편익 분석에서 핵심으로 말해지는 수요 예측 방법론에 심각한 결함이 있다고 생각하게 되었다.

　교통사업에서 편익 분석 방법은 도시개발사업에서 '비례율'과 비슷한 논리를 따른다. 도시개발사업 중 주택재개발사업에서 자주 사용하는 비례율은 앞으로 벌어들일 수익에 지금 들어갈 비용을 견주어 사업의 경제성을 살피는 개념이다. 주택재개발비용에는 새집을 지을 때 들어가는 공사비, 세입자에게 주어야 하는 이주비, 조합 등이 사용하는 사업관리비가 포함된다. 수익은 모두 새롭게 지은 주택의 분양 수익이다. 비례율 100%는 주택재개발에 들어가는 비용이 이후 주택 분양으로 벌어들일 수익과 같다는 뜻이다. 이는 완전한 수평 이동•의 기준

•　통상 주택재개발에서 수평 이동은 동일 평형으로의 이동을 의미한다.

이 된다.

통상, 토지 가격은 감정평가를 통해서 정해지고 공사비 역시 건설 단가 차이가 크지 않아 고정값으로 간주한다. 결국 주택재개발사업의 사업성은 미래의 주택 분양가에 달려 있다고 볼 수 있다. 미래 가격을 기준으로 현재 사업을 진행하면 상당히 위험하므로, 주택재개발사업은 높은 투기성을 가질 수밖에 없다. 또한 집값이 오를 때는 시장 자율을, 집값이 내려갈 때는 경기 안정화를 위한 정부 개입이 필요한 이중적인 정책 영역의 성격을 가진다.

문제는 부동산 경기가 안 좋아질 때이다. 상식적으로 경기가 안 좋아져 수요가 줄어들면 수요-공급 곡선의 원리에 따라 가격이 낮아져야 한다. 그런데 이렇게 가격이 조정되면 기존에 비례율 100%라는 가정, 즉 내가 추가로 비용을 부담하지 않아도 미래의 분양 수익을 통해서 새집을 얻을 수 있다는 투기적 욕망이 달성되기 어렵다. 안 그래도 평수를 상향할 때 발생한 조합원 부담금을 고려하면, 미분양에 따른 분양가 하락은 사업의 추진 주체인 개별 조합원에게 경제적 부담이 될 수밖에 없다. 이쯤 되면 비례율에 기반을 둔 주택재개발사업 방식이 상당히 위험하다는 것은 자명하다. 그런데도 오히려 건물 층수를 높일 수 있도록 용적률을 풀어주거나 학교를 신설해야 하는 부지에 아파트를 짓게 하는 등의 특혜를 제공해 사업성을 맞춘다. 잘못된 모델에 의해 유도된 사업을 정상화하기 위해서는 비례율이라는 불충분한 사업성 모델 자체에 대한 재검토가 필요하다. 그런데 마치 꼬리가 몸통을 흔들 듯이, 정부가 비례율을 맞춰주기 위해 제도를 통해서 얻을 수 있는 특혜를 사업자에게 제공한다.

교통사업에서 '경제성'도 비슷하게 작동한다. 교통사업의 편익 분석에서 핵심은 수요 예측이며, 이를 바탕으로 경제성이 측정된다. 따라서 사후적으로 수요 예측 결과가 잘못되었다면 그 편익 분석 모델이 가진 한계를 인정해야 한다. 단순히 그 모델을 사용하지 말자는 것이 아니다. 그 모델의 한계를 인정하고 B/C=1.0 이상이어야 사업을 진행하는 것이 합리적이라고 볼 수 있는 문턱을 넘었다고 여기는 부적절한 편향성을 고치자는 것이다. 그런데 이와 같은 상식적인 변화는 참으로 어렵다.

이를테면 2013년에 서울시가 기존의 도시철도기본계획(2008년 기준)을 보완할 때의 일이다. 당시 공공교통네트워크는 기존 계획이 담고 있는 민간투자 방식의 경전철 건설이 타당하지 않다는 견해를 가지고 있었다. 그래서 기존의 8개 정도 되는 민간투자 방식의 경전철 계획을 축소해 재정사업 방식으로 순차적으로 추진하자고 주장했다. 그래서 당시 박원순 서울시장이 참여한 간담회*가 진행되었는데, 주요한 쟁점 중 하나가 현재 운행 중인 우이신설경전철의 수요 예측에 관해서였다. 간담회를 계기로 만들어진 1차 민관협의회에서 서울연구원이 수요 예측으로 무임승차 대상인 노인의 비중을 13%로 제시한 것을 둘러싸고 논쟁을 벌였다. 당시 계획 수정 담당자인 서울연구원 윤혁렬 박사는 서울시의 인구감소 및 고령화 추세를 고려하지 않고 노인 무임 수송 비율을 전체 교통수요의 13%로 고정했다. 그리고 노인 무임 수송에 따른 요금 수입 손실을 통행량 증가로 상쇄할 수 있다고 주장했다. 이해하기 어려웠다. 상식적으로 생각해도 인간은 시간적·물리적 제약이 있어서 한 사람이 하루에 이동하는 횟수는 한정적일 수밖에 없다.

공공교통네트워크에서는 노인 무임승차 비율이 30% 이상될 수 있으며 비현실적인 일인 통행량 증가를 바탕으로 추측한

---

* 2013년 9월 4일 오전 9시 10분부터 9시 50분까지 40분간 진행되었다. 일방적으로 시민사회의 의견을 듣는 자리였다. 간담회를 계기로 민관협의회라는 기구가 만들어졌고, 협의회에서 3차에 걸친 쟁점 토론을 진행하기로 했지만 2차 정도만 진행하고 끝났다. 서울시는 민관협의회를 시민사회가 가지고 있는 오해를 설명하는 자리쯤으로 생각했기 때문에 도시철도기본계획의 변경과 고시는 별개 문제였다. 하지만 시민사회는 해명되지 않는 문제점을 검토한 뒤 그것을 도시철도기본계획 수정계획에 반영해야 한다고 생각했다. 이런 인식의 차이는 당시 행정과 시민사회가 가지고 있던 거버넌스의 철학과 가치의 차이를 보여주는 것이며, 교통사업에서 정책 판단의 기준이 되는 계량적인 교통공학에 대한 맹신을 보여주는 것이다.

B/C 결과(비용편익비, 1.02)를 신뢰할 수 없다고 평가했다. 그러므로 이를 민간투자사업 방식이 아니라 재정사업으로 전환하는 한편, 이용 수요를 늘릴 수 있는 별도의 대책을 보완해야 한다고 제안했다. 그러나 이 제안은 너무나 간단하게 무시되었다. 누가 봐도 교통전문가가 화려한 예측 기법을 사용해 나온 숫자에 비해 이를 반박하는 우리의 데이터는 누구나 쉽게 구할 수 있는 증거에 불과했기 때문이다. 당시 서울시장 비서실에서는 "아무리 그래도 서울연구원 박사보다 당신들이 더 잘 알겠느냐?"라고 말할 정도였다.

우이신설경전철은 결과적으로 실패한 사업이다. 물론 경전철을 통해서 상대적으로 교통 소외 지역인 강북에 교통망을 확대하고 경전철 인근 주민의 편의성을 높인 것은 사실이다. 하지만 정책 사업으로서 우이신설경전철은 민간투자사업의 제안 단계부터 기본 계획 수립 및 시공을 거쳐 운영하는 단계까지 예상했던 숫자가 대부분 허무맹랑할 정도로 실제와 달랐다.

우이신설경전철의 실패는 의정부경전철이나 용인경전철과 다른 특징을 가지고 있는데, 바로 '배후 인구가 많은 서울에서는 어떤 교통사업도 실패하지 않는다'라는 업계의 믿음이 깨져버린 것이다. 인구가 줄고 있다고 해도 서울은 여전히 많은 사람이 살아가는 곳이다. '이 많은 인구가 교통사업의 부실을 어느 정도 덮어준다'라는 믿음의 붕괴가 현실화한 사례로서 우이신설경전철은 수요 예측 모델이 가진 모델로서의 한계를 여실히 드러냈다고 할 수 있다.

문제는 이런 상황에도 불구하고 '왜 우이신설경전철의 경제성 분석, 특히 수요 예측이 실패했는가?'라는 평가가 전혀 이루어지지 않고 있다는 데 있다. "신분당선처럼 요금을 사업자가 요구하는 수준으로 올려주지 못해서 적자가 났다", "코로나19라는 예기치 못한 변수 때문에 우이신설경전철 사업이 어려워졌다"라는 서울시 관계자의 말은 반박할 여지도 없는 변명일 뿐이다. 중요한 질문은 왜 우이신설경전철을 탈 것으로 예측됐던 이들이 타지 않았는가*와 이것이 이후 민간투자 경전철 사업에 어떤 영향을 미칠까이다.

---

* 우이신설경전철을 요구하는 목소리는 지역주민의 이름으로 반복되었다. 교통 사각지대라는 지역 격차와 지역 낙후 문제 등이 이야기되었다. 하지만 지역에서 경전철이 필요하다는 응답이 곧바로 수요로 이어지는 것은 아니다. 이는 우이신설경전철 수요 예측 모델에서 부분적으로 참조한 의향 조사의 허점과도 이어진다. 그렇다면 왜 교통수단을 전환하겠다고 말했던 이들이 실제 전환하지 않았을까? 이것이 우이신설경전철 사업 실패의 주요한 시사점이고 반드시 다루어야 할 내용이다. 이를 바탕으로 현재 추진·계획 중인 경전철 사업의 수요 예측치를 바로잡아야 한다.

지독한 전문가 카르텔과 GTX

　교통정책과 관련한 입장을 내고 보도 여부를 논의할 때쯤 되면 으레 '관련한 코멘트를 해줄 전문가가 있는가?'라는 질문을 받는다. 입장의 전문성에 관한 확인이다. 노동조합과 환경단체, 전문 연구기관이 함께하는 공공교통네트워크에는 유독 교수 직함을 가진 구성원이 없기도 하지만, 교통과 관련한 아카데믹에서는 우리와 비슷한 입장을 공개적으로 내는 연구자를 찾기 어려워 곤란함을 겪는다. 실제로 2023년 초 서울시의 교통 요금 인상 추진계획과 관련해 우리 단체가 취재 대상이 되었을 때, 상당수 매체로부터 이 계획에 대해 실명으로 비판적인 목소리를 내는 교수를 찾기 어렵다는 이야기를 들었다. 반면 서울시와 사업자 단체를 옹호하는 태도는 손쉽게 찾을 수 있다. 그 결과 공공교통네트워크와 같은 단체의 입장은 공신력이 낮고 전문성도 없으며 대안 없이 반대하는 것이 되고 만다. 앞서 사례로 든 경전철뿐 아니라, 한국에만 있는 이윤보장형 민영제인 버스준공영제가 가진 한계와 요금 결제 수단이 민간기업에 독점적으로 부여된 스마트카드 문제 등 이미 지적한 문제가 현실로 나타나더라도 그렇다.

　버스준공영제는 한국에만 존재하는 독특한 개념이다. 노

선 운영권을 특정 기업에 독점적으로 불하하는 사례를 다른 나라에선 찾아보기 힘들다. 그러다 보니 버스 사업자는 노선 수만 많으면 보전받을 수 있는 재정지원금이 늘어난다. 굳이 노선을 흑자로 유지할 필요가 없다. 시민의 교통 편의성을 위해 노선 수가 많으면 좋겠지만, 버스 노선은 시민의 필요보다 업체의 이해관계에 따라 조정되는 것이 일반적이다. 이와 비슷하게 지역별로 개인택시와 법인택시 간의 균형을 유지하기 위해 만든 택시총량제 아래서도 택시 면허가 사적 재산처럼 거래된다. 총량제를 하려면 면허제도의 개선을 통해서 문제를 해결해야 한다. 이는 상식에 가깝다.

한국의 버스와 택시 시스템은 외국과 비교할 때 상당히 특수한 형태를 가지고 있으며, 한국에서 교통을 전문으로 연구하는 학자라면 이를 모를 리 없다. 하지만 이에 대한 정책토론은 거의 일어나지 않는다. 이런 태도는 교통정책을 시민의 삶과 연관된 사회정책이 아니라 계산하면 값이 나오는 사회공학으로 보이게 만든다.

정책 영역 내에서 공개적인 입장의 대립이 없다는 것은 정책 수준이 낮다는 뜻이며, 정책 결정에 외적 동기가 크게 작용한다는 의미이다. 공공교통네트워크는 광화문광장 재구조화를 둘러싼 사회적 논쟁에서 '선 보행광장 운영, 후 물리적 환경

개선'을 제안한 바 있다. 광화문광장을 경유하는 광역버스의 정류장을 이전하고 신호체계를 개선해 통과 차량을 줄이면서 한 달에 한 번씩 전면 보행광장처럼 사용하는 경험을 해보자는 제안이다. 이에 대해 실무협의에 참여했던 서울시 교통정책 담당자는 "광화문광장 이야기하는데 교통 문제를 먼저 이야기하자는 제안은 처음"이라고 말했다. 한국 도시정책에서 교통은 점(點)이나 면(面) 단위의 개발 사업 뒤 기존의 점이나 면과 연결하는 방법으로 다루어질 뿐이다. 교통정책은 언제나 교통 문제가 발생할 때만 사후적으로 역할을 한다. 어차피 벌어진 일을 수습하거나 이미 결정된 내용을 정당화하기 위해서 존재한다는 말이다. 실제로 각종 교통 관련 사업의 타당성 용역은 타당성을 검증하기 위한 연구라기보다 '타당성 있음'을 증명하는 연구에 가깝다.*

　　이런 상황에서 등장한 광역급행철도(GTX)는 한국의 대규모 교통사업이 어떻게 만들어지는지를 볼 수 있는 최적의 사례다. 그동안 GTX 구상은 다양한 형태로 있었다.** 하지만 구체적

---

* 　정부의 정책연구 보고서 일부를 공개하는 정책연구관리시스템(https://www.prism.go.kr/)에는 타당성 용역보고서가 3만 개 이상 게시되어 있다. 그중 2022년에 나온 것만 260개가 넘는다. 이 많은 용역보고서 중에서 해당 사업이 타당하지 않다고 결론 내는 보고서는 찾아보기 힘들다.

** 　가장 직접적으로는 동탄2지구 신도시 개발계획에 들어있는 고속도로와 전철 등의 광역교통망을 분당 등 기존 신도시 수준으로 구축해 경부 축의 만

으로 등장한 계기는 당시 경기도지사에 출마한 김문수의 공약이었다.*** 김문수는 도지사가 되자 대한교통학회에 GTX의 필요성에 대한 정책연구를 의뢰하고, 대한교통학회는 2007년 11월 17일, 3개 노선에 14개 정류장을 포함한 구상을 내놓는다. 사실상 한국에서 가장 큰 교통학회가 필요하다고 했으니 수많은 학술적 논쟁은 생략될 수밖에 없는 상황이 만들어졌다. 여기에 2008년 경기 남부 지역 광역교통망 구상 연구용역이 추가로 수행되었고, 사회적 편익이 2조 원에 달한다는 연구 결과가 나왔다.

이렇게 아카데믹을 우회한 정치적 요구가 거세지자 2009년 4월 국토교통부에 건의하는 방식으로 수도권 GTX를 국가계획에 반영하기 위한 절차가 시작된다. 2010년에 한국교통연구원이 발표한 대심도**** GTX의 타당성 조사 결과에서 비용편익비가 1.17로 나왔다. 이를 바탕으로 국토교통부는 2011년 GTX 3개 노선을 국가기간교통망계획 제2차 수정계획에 반영

성적인 출퇴근 교통난을 완화하겠다는 계획에서 찾아볼 수 있다.
*** 이 내용은 <김문수 경기지사의 직설 비판>, 《신동아》 2009년 7월호에 자세히 나와 있다.
**** 지하 30~60m까지 땅을 파서 도로나 지하철을 건설하기 위한 터널을 말한다. 지상 건설에 비해 토지보상비 등의 비용을 아낄 수 있어 이미 형성된 도시에 새로운 교통시설을 지을 때 사용하는 방식이다. 해외와 비교하면 유독 한국에서 대심도 방식의 시설물이 많이 건설되는 추세다.

했고, 그해 9월에 현대산업개발 컨소시엄이 총 4개 노선에 대한 사업 제안서를 제출했다.

2014년 예비타당성조사(이하 예타)* 결과 A노선(일산~삼성)은 즉시 추진하고 B, C노선은 계획을 수정해 재추진하기로 했다. A노선만 비용편익비가 1.33으로 나왔고 B노선은 0.33, C노선은 0.66에 불과했기 때문이다. 그리고 2016년에 비용편익비가 적게 나온 B노선을 기존과 달리 남양주 마석까지 연장하고, 망우에서 마석까지는 기존 경춘선을 활용한다는 안으로 비용편익비 1.13을 만들어 냈다. 불과 2년 만에, 시행하면 손해인 사업이 이득인 사업으로 탈바꿈한 것이다. 그리고 이와 같은 방식으로 C노선도 덕정~의정부 구간과 금정~수원 구간을 기존 철도 이용으로 변경하는** 사업계획안을 만들어 냈고, 2019년 민자 적격성 조사가 통과되었다. 3개 노선의 총사업비만 13조

---

* 예비타당성조사는 1999년 신설되었다. 당시 재정 당국은 1994~1998년에 건설교통부가 직접 수행한 타당성 조사 33건 가운데 32건이 타당하게 평가되었다고 지적하면서, 추가적인 게이트키핑 기능이 필수적이라고 주장했다. 당시의 맥락을 참조할 수 있는 공식 백서로 다음을 참조. 김재형 외, 《총괄 백서 예비타당성조사 어떻게 이루어졌나?》, 한국개발연구원, 1999.

** 민간투자 사업인데 기존 재정으로 건설된 철도 시설을 이용하도록 하는 것은 기본적으로 문제가 있는 방식이다. 특히 노선 일부를 공유하면 불가피하게 기존의 운행 체계에 영향을 미칠 수밖에 없다. 하지만 초기에 시설 투자비를 마련해야 하는 민간투자사업 투자자들은 새롭게 철길을 내지 않고 기존 철길을 이용할 수 있으니 그만큼 비용을 절감하면서도 이용자를 늘릴 수 있는 정류장을 확보하게 된다.

원에 달하는 대규모 사업이 2007년 대한교통학회의 용역 발표에서 시작돼 C노선 추진이 확정되기까지 걸린 시간은 12년에 불과했다.

조중래를 만나다

공공교통네트워크는 광역교통체계를 확충해 수도권 교통체계의 고질적인 문제인 서울시와 경기도·인천시 간의 시계 외 자가용 교통량을 줄여야 한다는 것에 동의했다. 하지만 수도권 전체의 대중교통망 체계에 대한 재편성이나 확대 방안 없이 그저 A, B, C노선만 늘리는 접근 방법은 적절하지 못하다고 봤다. 무엇보다 대심도 방식이 가진 환경성뿐만 아니라 안전성에 대해서도 신중한 평가가 필요했다. 마지막으로, 지나치게 빨리 사업을 추진하다 보니 차고지 등 연계 시설 설치 지역의 주민들과 공감대 없이 밀어붙이는 문제가 있었다. 드문드문 이런 우려의 목소리가 나오긴 했지만, 누구도 GTX 사업에 대해서 체계적으로 짚어볼 생각을 안 했다. 당시 우리가 느낀 감정은 절망감 같은 것이었다. 이 대규모 사업이 지역주민의 절박한 교통 불편을 앞세워 졸속으로 진행될 수밖에 없다는 것, 이런 대규모 사업에 대해서는 신중하게 접근해야 한다는 목소리를 잘 내지 않는다는 것을 또다시 학습하는 시간이었다.

2021년 7월 공공교통네트워크 정책위원장이었던 서울교통공사 나상윤 이사가 GTX 문제와 관련해 이야기해보지 않겠냐고 제안했다. 서울교통공사 이사 가운데 명지대학교에서 교통공학을 가르치는 조중래 교수가 있는데, 이런저런 사담 끝에 GTX 문제를 가지고 공공교통네트워크를 만나고 싶다는 뜻을 나타냈다는 것이다. 교통 문제를 두고 활동하는 시민단체가 별로 없다는 이야기를 나누다가 공공교통네트워크를 소개하게 되었고, 공공교통네트워크가 GTX 문제에 대해 비판적이며 관련한 정책 활동이나 해당 지역주민을 대상으로 조직 지원활동을 하고 있다고 말했나 보다. 그때까지 교통학자 조중래는 우리에게 낯선 이름이었다.* 아카데믹 안에 있는 교통학자가 스스로 시민단체를 만나겠다고 제안하다니 무척 이례적이었다.

그런데 막상 만나고 나서는 조금 당황스러웠다. GTX를 매개로 만났으니, 일단 'GTX=문제사업'을 전제로 해서 어떻게 하면 효과적으로 이 사업에 개입할 것인가에 관심 둘 줄 알았다. 그런데 선생은 "그런 거 지금 해봤자 아무런 의미가 없다"라

---

* 나중에 알게 되었는데, 조중래 선생은 2017년 11월 국회 헌정기념관에서 열린 '도시철도 무임수송비용 국비 보전 확보를 위한 시민토론회'의 좌장으로 뵌 적이 있었다. 나는 그 토론회에서 발제를 맡았다.

고 단호하게 말했다. '아니, 지금 진행하는 사업과 싸우지 않을 거면서 왜 우리를 만나자고 했을까?'라는 볼멘소리가 속에서 맴돌았다. 지금 와서야 느끼는데, 선생과 우리는 분노의 여부나 정도가 아니라 분노의 방식이 달랐다. 당시 우리는 질주하는 GTX 사업의 속도를 지금이라도 늦추고 이 사업으로 피해를 보는 파주 지역주민들이 좀 더 존중받으면 좋겠다고 생각했다. 하지만 조중래 선생은 그런 방식 자체가 먹히지 않을 것을 이미 고려했던 것으로 보인다. 아니, 그렇게 해서는 뒤꽁무니만 졸졸 쫓는 꼴이 될 것이므로, 오히려 GTX 준공과 운행 이후에 나타날 문제를 미리 준비하는 것이 더 필요하다고 보았던 것 같다. 사업을 추진한 이들이 나중에 이런저런 핑계를 대면서 책임을 회피할 것으로 보고 빠져나갈 구멍을 미리 막아두자는 생각이었다. 그리고 이를 위해서는 '그들이 어떤 논리로 GTX의 사업성을 만들어 냈는가'와 '국토의 균형발전에 역행하는 수도권 지역의 비대화를 누가 만들어 내고 있는가'에 대한 증거들이 필요했다.

조중래 선생과 함께한 GTX 세미나는 네 차례 진행되었다. GTX 사업의 추진 초기부터 최근까지의 주요한 정책 변화를 살펴보고, 그것이 공공교통네트워크에서 중요하다고 생각하는 광역교통 수요 전환이라는 관점에서 한계가 있는지 짚어보았다. 그러면서 선생은 국토교통부 공무원을 상대로 강의한 <교

통시설 투자 편익 산정의 문제점과 개선 방안>(이 책의 252쪽)이라는 자료를 설명했다. 이 자료는 교통시설의 편익을 산정하는 대표적인 모델인 비용절감접근법(Cost-Saving Approach)과 소비자잉여접근법(Consumer Surplus Approach)을 다룬다. 두 가지 편익 산정 모델은 교통시설의 특징과 조사 목적, 그리고 정책적 고려사항에 따라 선택적으로 사용되어야 하는데 한국에서는 비용절감접근법만 편향적으로 사용된다는 것이 핵심 내용이다. 그래서 사전 타당성 조사 결과와 실제 시행 시 결과 사이에 큰 차이가 발생한다. 조중래 선생이 볼 때 현재 건설 중인 GTX 역시 이런 문제에서 벗어나 있지 않다.

세미나를 마무리하면서 초기 타당성 조사 및 자체적인 편익 분석의 기본이 되는 최초의 데이터에 대한 보관과 공개 의무를 법률로 정해야 한다는 주장이 논의되었다. 다른 영역의 과학실험은 대부분 재연 가능성이 과학성의 기준이 되지만, 교통시설의 타당성 분석은 대개 자기 참고적인 수치를 가지고 편의적으로 나타나는 경향이 있다. 그래서 사후적으로 사업 타당성에 대한 재검증이 불가능할 때가 많다. 조중래 선생의 제안은 교통시설 투자사업(재정사업이든 민간투자사업이든)의 타당성 분석 및 사업 제안, 검증 과정에서 사용한 편익 분석 데이터를 의무적으로 공개하도록 현행 법률을 개정하자는 것이다. 연구기관이 사용하는 데이터 역시 국가교통DB센터를 통해서 만들어지는 만큼, 어떤 데이터를 어떤 방식으로 사용했는지를 공개하면 그 예측과정이 가지고 있던 장점이나 단점을 파악할 수 있다. 너무나 상식적인 일인데, 무슨 독립운동하듯이 비장미 흐르게 논의했다는 것 자체가 비극적이긴 하다.

조중래를 보내다

2021년 8월에 시작한 GTX 세미나는 10월이 되어서야 마무리되었다. 마치면서 조중래 선생께 '시민교양강좌'를 부탁했다. 마침 선생은 대학에서 정년퇴임을 한 상태였다. 다소 어렵더라도 선생이 정리한 편익 산정의 문제점을 잘 익혀 두면 교통정책 갈등 지역의 시민이 관료와 편향적인 전문가의 거짓말에 맞설 수 있을 것으로 보았다. 아니, 복잡한 수식과 숫자에 주눅 들지 않을 정도면 충분하다고 생각했다. 우리는 시민교양강좌를 2022년 상·하반기에 각각 한 차례씩 열기로 했다. 중간에 화성시 무상교통과 관련한 포럼에서 선생을 한 차례 만난 뒤 2022년 1월에 시민교양강좌를 부탁하는 메일을 보냈다.

하지만 답장은 오지 않았다. 아무래도 연초라 바쁘신가 보다고 생각했다. 그리고 2월이 되었다. 2월 둘째 주가 지나 선생한테서 연락이 왔다. 사정이 있어서 연락할 수 없었다면서 2월 24일 오후 1시에 같이 점심이나 하자며 서현역 인근 식당으로 오라 했다. 연락돼서 다행이라고 생각했다.

그렇게 대면한 자리에서 선생은 몇 년 전 암 투병을 했는데 그 암이 1월에 재발해 연락할 수 없었다고 말했다. 도대체 어떤 표정을 지어야 할지 몰랐다. 오히려 선생이 너무 담담하게 말해서 내가 당황하면 실례가 될 것 같았다. 병원으로부터 오래 살아봤자 3개월이며 사실상 회복이 불가능하다고 통보받았다고 말했다. 전화로 이야기할까 하다가 그래도 얼굴은 보고 사정을 설명해야겠다 싶어 연락했다고 덧붙였다.

식사하면서 준비한 '시민교통 교양학교' 커리큘럼을 간단하게 설명했다. 그리고 강좌를 열긴 힘들 것 같으니 인터뷰를 녹취하면 어떻겠냐고 제안했다. 우리가 질문하면 선생이 답하는 방식이었다. 그렇게 2시간씩 딱 네 차례만 하면 좋겠다고 말했다. 선생은 확답 없이 생각해보겠다고만 했다.

이야기를 마치고 돌아가는 길에 선생을 만날 때 들었던 감정을 곱씹었다. 살면서 처음 느껴보는 감정이었다. 내 솟구치는 감정에 비해 당사자인 선생은 정작 담담해서 부끄럽기도 하고 그 담담함에 더 슬프기도 했다.

공공교통네트워크 동료들과 상의한 끝에 선생과의 녹취록

을 바탕으로 책자를 만들기로 했다. 죄송하지만, 조금은 졸라야겠다는 생각으로 이메일을 드렸다. 또 기다림의 시간이 이어졌다. 3월 18일 선생과 연락이 닿았다. 그사이 상태가 더 안 좋아진 듯 보였다. 선생은 그래도 시간을 내보자면서 3월 24일과 25일에 시작하자고 했다.

한 번에 2시간 조금 넘게 인터뷰를 진행했다. 장소는 선생이 요양을 위해 마련한 분당의 한 아파트 거실이었다. 다행히 지난 2월에 뵀을 때보다 많이 나빠진 인상은 아니어서 조금 안심했다. 목소리에 힘이 있었고 뭔가 더 이야기하고 싶어 하는 의지가 느껴졌다.

그런데 두 번째 인터뷰 뒤 연락이 되지 않았다. 세 번째 인터뷰부터 본격적으로 편익 분석 방법을 설명하기로 하셨는데 어려울 수도 있겠다는 생각이 들었다. 시간은 속절없이 흘렀다. 4월 7일 광주광역시청에서 간단한 토론회를 마치고 나오는 길에, 밝은 햇살을 받으며 청사 옆 운동장을 가로질러 가다가 선생의 전화를 받았다. 아무리 생각해도 책 작업은 마무리해야겠다고, 정말 자신에겐 시간이 별로 없으니 빨리하자고 했다. 바로 다음 날, 4월 8일과 9일에 뵙기로 했다. 계량 분석에 강점이 있는 전현우 정책위원에게 함께 가달라고 부탁했다. 그렇게 남은 인터뷰를 전현우 정책위원과 함께 진행했다.

인터뷰를 마무리한 뒤 한편으로는 녹음한 음성을 글로 옮기는 작업을 하고 다른 한편으로는 먹고사는 문제를 해결하는 사이, 조중래 선생이 돌아가셨다는 소식을 접했다. 바다가 보이는 어느 출장지에서였다. 그다음 날, 5월 24일 오전에 조중래 선생의 죽음 앞에 띄우는 조사를 썼다.

몇 차례의 만남에서 대학 교수직을 은퇴한 노학자가 공공교통네크워크라는 단체를 찾은 이유가 무엇인지를 여쭐 수 있었습니다. 선생님은 행정관료의 입맛에 맞춰 제대로 검증도 되지 않은 채 시행되는 교통정책에 대해 시민운동이 지속해서 감시하고 견제할 필요가 있다는 점을 강조하셨습니다. 그러기 위해서는 시민운동이 더욱더 전문적인 내용을 배워야 하며 각종 보고서나 전문가의 발표 자료에 나열된 숫자의 뒷면을 볼 수 있어야 한다고, 그것을 우리와 해보고 싶었다고 말씀하셨습니다.*

생각해보면 2021년 8월에서 2022년 4월까지의 만남은 별것 아닐 정도로 짧았다. 그래서 추억이니 뭐니 하는 말도 쑥스럽다. 하지만 시종일관 침착하고 치열하고 정확하고 근본적이

---

* 조사의 일부. 조사 전문은 이 책의 265쪽('[동료 시민에 대한 조사] 조중래 선생님을 떠나보내며')에 있다.

었던 선생의 태도에 우리는 크게 감동했다. 무엇보다 선생은 교통정책의 근저에 민주주의가 자리 잡고 있으며, 이를 위태롭게 만드는 관료와 전문가의 기득권에 맞서 시민 스스로 힘을 길러야 한다는 신념을 가진 민주주의자였다. 이런 강렬함은 오랫동안 기억에 남을 것이다.

2022년 3월 24일

첫째 날

조중래 선생 댁

어떤 교통학자의
자기 - 되기

개인사를 앞세우는 것은 이 책의 취지에 어긋나지만, 대담
자의 성격을 드러내고 이어지는 전문적인 내용의 인터뷰를 부
드럽게 진행하기 위해 조중래 선생의 공적 관심에 대한 개인적
동기와 경로를 이야기하기로 했다. 개인사적 맥락보다는 교통
학자로서 선생의 관심사가 어떤 계기로 나타나 어떤 과정으로
현재에 이르렀는지에 초점을 맞추었다.

하던 일을 잘하기 위해 학자가 되다

김상철　첫 번째 시간이네요. 일단 선생님이 어떻게 교통학자, 교통공학 연구자가 되셨는지를 여쭤보려 합니다. 지난번 세미나에서 원래 환경 문제에 관심이 있었다, 그래서 무슨 연구회도 만들고 하면서 전문성이 절실해져서 '공부하자, 우리가 전문가가 되자'라는 차원에서 시작했다고 말씀하셨습니다. 그 말씀을 곰곰이 생각해보니, 지금도 그때와 상황이 비슷하더라고요. 지역 문제와 관련해 어떤 현안이나 이슈가 생기면 저희는 늘 도움이 될 만한 전문가를 찾습니다. 하지만 찾기가 무척 힘들어요. 특히 교통 분야 전문가는 더욱 멀리 있는 느낌입니다. 그래서 선생님께서는 어떻게 교통공학자의 길을 가게 되셨는지 궁금했어요. 아주 먼 과거부터가 아니라 1970년대 중반 정도, 그러니까 선생님이 연구회를 만들고 고민하던 때부터 얘기해주시면 좋을 것 같습니다. 그럼 이야기가 덜 사사롭게 가지 않을까 생각합니다. 어떠세요? 한번 풀어주시죠.

조중래　이야기를 어떻게 시작해야 할지 모르겠지만, 사실 제가 교통을 공부하겠다고 생각해서 시작한 게 아니에요.

1970년대 중반에 민청학련* 사건이 일어났어요. 구체적으로 얘기하긴 힘들지만, 그때 저도 피신했다가 수사가 거의 마무리되는 단계에서 잡혔습니다. 다행히 기소 외로 처리돼서 군대에 갔죠.

3년 가까이 복무하다가 제대할 때가 되어 '자, 그러면 나가서 뭘 할 것인가?'를 생각했어요. 학생운동은 전반적으로 밀려난 상황에서 떠오른 것이 환경 문제였습니다. 그땐 '공해 문제'라고 표현했죠. 이 공해 문제가, 제가 또 공학을 전공했으니 연관성이 있었어요. 그래서 제대 후 공해 문제에 관심을 가지고 자료를 수집했어요. 처음엔 혼자 하다가 나중에 친구와 함께했죠. 제 친구 중에 민청학련 사건으로 그때까지도 피신 다니는 친구가 있었어요, 이종원**이라고. 지금은 일본에서 교수 생활하는 친군데, 그 친구가 우리 집에 피신을 와 있었어요. 그때 둘이서 그냥 무식하게 공해 관련 자료를 수집했어요. 신문을 산

*　1974년 유신 체제와 김대중 납치 사건으로 곤란했던 박정희 정권이 당시 학생운동을 주도했던 전국민주청년학생총연맹(줄여서 민청)의 배후에 인혁당 재건위가 있다고 조작해서 긴급조치 4호와 국가보안법 위반 혐의로 240명에 달하는 학생을 체포한 사건을 가리킨다. 2009년 9월 대한민국 재판부는 이 사건에 대해 무죄를 선고했다.

**　현재 와세다대학교 대학원 아시아태평양연구과 교수로 재직 중이다. 민청학련 사건에 연루되었다 투옥된 후 1982년 일본으로 건너가 국제정치를 연구하는 학자가 되었다.

더미같이 쌓아놓고 공해 관련 기사를 전부 스크랩했죠. 종원이가 좀 뛰어나서, 일본의 공해 및 공해 운동 관련 자료를 수집해 주어서 큰 도움이 됐어요. 그러다가 공대 친구들, 주변의 다른 대학 친구들과 만나면서 공해연구회를 만들었죠. 그때 많이 도와준 기관이 한국기독교사회문제연구원(기사연)*이에요. 그렇게 공해 관련 데이터를 모으고 조사도 하다가 온산으로 출장 가면서 한계를 느꼈죠. 온산 가서 온산병 관련 조사하고 장항제련소 가서 납 중독자 조사하고….

　　김상철　　온산이요?

　　조중래　　울산 아래쪽. 그리고 장항제련소.**

　　김상철　　아, 울산 울주군의 온산이군요. 온산에 무슨 공단 같은 게 있었죠?

　　조중래　　온산에 화학 공장이 아주 많았죠. 일본계 화학 공

---

* 1979년에 "정의롭고 민주적인 사회건설"을 에큐메니컬(ecumenical) 정신으로 삼아 출범했다. 민주화운동을 비롯해 인권운동, 농어촌 선교운동 등을 솔선수범하고 지원하는 역할을 맡았다.

** 충남 서천군 장항읍에 있는 장항제련소는 동광석을 제련해 구리 등을 만들던 곳으로, 1936년 가동이 시작된 이래 무수히 많은 중금속이 배출돼 주변 토양이 오염되었다. 1977년부터 공해 문제가 제기되었으나 노무현 정부 말기인 2007년에야 지역 재생을 위한 생태적 개발에 대한 기본 계획이 수립되었다. 이후 10여 년 동안 토양 정화 작업이 이어졌으며 2020년에 마무리되었다. 또한 주변에 국립생태원, 국립해양생물자원관, 국가생태산업단지가 건설되었다. 제련소 굴뚝은 2022년 현재도 건재하며 장항의 랜드마크로 취급받는다.

장이, 일본 자본이 세운 화학 공장들이 아주 많았어요. 여기서 중독성 강한 육가크롬(hexavalent chromium, Cr(VI))*** 같은 중금속들이 배출돼서 문제가 심각했어요.

김상철　아, 육가크롬이라는 물질이 있군요.

조중래　근데 우리가 조사는 하지만 전문성이 없었죠. 조은섭이라고, 화공과 친구가 하나 있었지만, 수질이나 대기 등의 공해 분석에 관한 전문성은 없으니까 결국 한계에 부딪히더라고요. 게다가 그때 최열 씨의 공해문제연구소가 활발하게 활동 중이라 중복되는 측면도 있어서, 제가 회원들한테 '우리는 전문성을 좀 키워나갈 필요가 있지 않겠냐, 우리 스스로 전문성을 확보하는 수밖에 없지 않겠냐'라고 제안했죠. 그러다가 회원들하고 협의한 게 아니라 나 혼자 생각에, 나라도 공부를 좀 해야겠다 싶어서 시작하게 되었죠.

김상철　전문가를 구하기가 힘드니까요.

조중래　그래서 공부할 수 있는 방법을 찾았어요. 제가 그때 마침 KIST(한국과학기술연구원)에 근무했는데, 교통 관리 분석하는 부서였어요. 미국 교수님 한 분이 방문해서 연구를 함께

***　육가크롬은 크롬 원자 2개에 분자 6개가 붙어 있는 화합물군의 이름이다. 도금, 도장 등에 쓰이며 암 발병과의 관련성이 확실한 것으로 알려졌다. 미국에서 제작된 영화 <에린 브로코비치>는 육가크롬이 마을의 상수원에 유출되면서 발생한 문제를 둘러싼 이야기를 다룬다.

하고 있었죠. 그 일을 하면서 대외 활동으로 공해 쪽을 했죠. 그러던 어느 날 그 교수님이 나보고 함께 미국 가서 공부하자는 거예요. 나는 가게 되면 교통이 아니라 환경을 공부할 생각인데, 당신하고 가면 교통을 공부해야지 않겠냐고 말했죠. 그랬더니 자기 있는 데에 환경 전공하는 사람도 있으니까 일단 한 번 가보자고 하더라고요. 안 그래도 마침 유학 갈 생각이어서 이것저것 준비해서 갔어요.

당시 저는 무일푼이었어요. 먹고살아야 하고 학비도 내야 하는데 아무것도 없었죠. 그런데 미국에서도 환경 쪽에는 연구비가 별로 지원되지 않았어요. 저한테 돈을 줄 환경 쪽 교수가 아무도 없었어요.

김상철　　그때도 환경 쪽엔 투자가 별로 없었나 보네요.

조중래　　부서는, 과는 있었는데…. 제가 산업공학을 전공해서 환경 쪽에서는 쉽게 안 받아줬죠. 기초가 필요하니까 학부 3학년으로 시작해야 하는데 학부 3학년한테 돈 줄 선생이 없었어요. 제가 그걸 예상하지 못했어요. 근데 교통 쪽은 산업공학을 베이스로 쳐주니까 그쪽 대학원에 들어가면 바로 돈을 받을 수 있었어요. 그래서 교통 쪽 대학원을 갔죠. 환경 쪽에선 돈이 안 나오니까 교통 쪽으로 간 거예요. 어쨌든 갔으니까 뭔가 해야 할 거 아닙니까? 그때 환경에 대한 관점이 조금 바뀌더라고요.

그전에 짚고 넘어가야 할 게 있어요. 저한테 함께 미국 가서 한번 해보자고 했던 교수님이 KIST에서 교통 분야 자문을 맡아 연구했지만, 전공은 엄밀하게 말하면 경제학이면서 주택이었어요. 이제 환경은 공부할 수 없으니까 결국 그 양반하고 함께 일하게 됐죠. 그 양반은 돈을 주니까. 그런데 그 양반이 아는 건 주택이라 제가 딜레마에 빠졌어요. 한국으로 돌아가야 하나, 아니면 아르바이트하면서 그냥 계속해야 하나.

그러다가 관점을 바꾸게 된 계기가 생겼어요. 인간이 사는 '토(土)'는 결국 인간에게 주어진 공간이니, 여기에 환경 문제, 공해 문제, 주택 문제, 교통 문제가 다 얽혀 있다는 생각이 들었어요. 특히 교통 문제는 공해, 특히 도시 공해 문제와 바로 직결되어 있고, 주택 문제 또한 공해 문제나 교통 문제를 떠나서 설명하기 힘들죠. 즉 환경, 공해, 주택, 교통을 종합적으로 접근할 수 있는 마인드가 필요하다, 그렇다면 현재 주어진 상황에서 주택 연구부터 하자, 이렇게 된 거예요.

저는 수리적인 모형으로 주택을 연구했어요. 정책이 아니라 수리적인 모형으로. 그때 연구 대상이 스웨덴의 주택시장 분석이었어요. 아시다시피 스웨덴은 거의 사회주의 국가이기 때문에 주택 대부분이 배급제예요. 그래서 주택 배급과 가격

관계에 관한 수리적인 모형을 가지고 분석했죠. 그 수리적인 모형이 똑같이 교통에도 쓰여요. 나중에 교통수요 예측 방법을 다룰 때 나오겠지만, 경제학적으로 얘기하면 선택모형(choice model)이에요. 인간은 하루하루를 살면서 끊임없이 선택하죠. 그 선택 행위, 즉 무언가를 왜 선택했느냐에 따라서 그 사람을 설명할 수 있어요. 인간의 선택 행위를 설명하고자 하는 수리적인 접근 방법을 주택에 쓰면 주택 수요, 혹은 주택시장에 관한 모형이 돼요. 교통에다 쓰면 교통수단별 수요 모형이 되고요. 즉 자가용이 있는데 왜 전철을 탔느냐, 이제 그걸 설명하는 모형으로 바뀌는 거예요. 이렇듯 주택과 교통은 붙어 있는 문제이고, 그 문제를 풀려면 우선 인간을 이해해야 해요. 이 사람은 왜 이걸 선택했느냐, 저 사람은 왜 이게 아니고 저걸 선택했느냐, 이게 결국 수요의 기본적인 베이스예요.

　　　김상철　　주택을 연구하다가 교통을 연구하신 게 정책적으로 일관성이 있었던 셈이네요

　　　조중래　　주택을 했죠. 그걸로 학위를 받았어요.

　　　한국으로 돌아와서 주택공사연구원•에 들어갔어요. 거기

•　　주택공사연구원은 현재 한국토지주택공사의 전신인 한국주택공사가 창립되면서 만들어진 주택연구소를 가리킨다. 이후 한국주택공사와 한국토지공사가 통합하면서 연구기관도 합쳐져 현재의 토지주택연구원이 되었다.

몇 년 있는데 어느 날 제 연구실로 KIST의 옛 상사, 교통 전공 박사님이 찾아와서 "뭐 하고 있지?" 이러는 거예요. "어, 왜요?" 하니까, "아니 이 사람아, 주택은 벡터고 교통은 매트릭스야"** 라고 말씀하시더라고요. 무슨 뜻이냐면, 주택은 2차원이고 교통은 3차원인데 시시하게 주택을 연구하고 있느냐는 거죠.

김상철　아, 벡터와 매트릭스요.

조중래　사실 그때도 저는 계속 공해, 환경, 환경공해, 주택, 교통을 같이 들여다보고 있었어요. 그런데 그 양반한테 그런 말을 들은 거죠. 교통을 전공한 네가 환경, 공해를 생각한다면 주택보다 교통을 해야 한다는 뜻이었어요. 주택은 환경이나 공해 문제와 관련은 있지만 조금 간접적이고, 교통은 직접적으로 도시 대기오염 문제 내지는 보행 환경 문제 등과 바로 연결되니까 교통을 연구해야 한다는.

김상철　그때도 그분은 KIST에 계셨어요?

조중래　아뇨, 그때는 홍익대 교수. 그래서 "교통, 옛날에 해보니까 재미없어요"라고 했죠. 그런데 가만히 생각하니까 그 양반 말이 맞아요. 같은 기반 안에 있지만 환경 문제하고 더 가

** 매트릭스(행렬)는 직사각형 모양의 데이터 배열을 뜻하고, 벡터는 그중 하나의 행 또는 열을 말한다. 벡터를 차곡차곡 쌓으면 매트릭스가 구현된다. "주택은 벡터고 교통은 매트릭스"는 교통정책이 주택정책보다 복잡하고 입체적인 도시 문제를 다룬다는 것을 비유적으로 표현한 말이다.

까운 건 교통 문제라는 말, 주택은 조금 떨어져 있고. 교통 문제는 지속가능성이나 환경 문제하고 직결되니까요. 그래서 그 순간에 '아, 그럼 교통을 연구하면서 대기오염을 분석해야겠다. 자동차 대기오염 문제를 다뤄야겠다'라고 생각하고 교통으로 옮겼어요.

그런데 옮기고 보니 대기오염을 분석하려면 기상학을 알아야 하더라고요. 도시 공기의 흐름을 분석해야 하잖아요. 대기가 건물과 부딪히면 어떻게 회오리치는지 같은…. 교통에서는 도로에 자동차가 몇 대 굴러가면 배기가스가 어느 정도 배출되는지 정도만 연구할 수 있어요. 그 이상의 전문성을 가지려면 기상학을 공부해야 하고. 아무튼 전문성을 따지고 들면 끝이 없이 막 얽혀 있어서….

김상철　무척 당황하셨겠어요.

조중래　그래도 교통 쪽으로 빠졌죠. 당시 공해연구회 친구들을 한 달에 한 번씩 만났는데, 그 친구들이 '저게 뭐야? 공해 공부해서 돌아올 테니 함께 하자더니, 그렇게 혼자 도망가더니, 와가지고 엉뚱한 거 한다', 뭐 이런 말 하는 분위기였어요.

김상철　진짜 그렇게 보였겠네요.

조중래　그렇죠. 실제로 그렇게 돼버렸고. 제가 외국 나가 있는 사이에 친구들은 작업을 열심히 해서 전문가 그룹을 더

충원했어요. 내가 돌아왔을 땐 공해연구회에 유명한 분들이 많이 들어와 계셨고. 그래서 '아, 내가 다시 결합할 필요는 없겠다. 나는 그냥 교통 쪽에 집중하자'라고 했죠.

김상철　섭섭하진 않으셨어요? 그래도 주도적으로 활동하셨는데.

조중래　교통을 하면서도 계속 공해연구회를 보고는 있었죠, 마지막까지도. 노무현 대통령 때인가 제 대학 연구실이 국가 지정 연구실이 됐어요. 그때 연구 주제가 배기가스, 자동차 배기가스 추정이었어요.* 그때까지만 해도 배기가스 추정을 어떻게 했냐면, 실험실에서 그냥 공차 돌려서 했잖아요.

김상철　연료 종류별로 바꿔서 얼마만큼 나오는지.

조중래　근데 제가 하려던 건 실제 운행하는 차량에서 배기가스가 얼마나 나오는지에 관한 추정이었죠. 지금은 다 그렇게 할 거예요. 그때는 거의 20년 전이었으니까…. 실제 운행 차량에서 배기가스가 얼마나 나오는지, 도로 조건에 따라서는 또

---

*　이 연구는 2002년 경기연구원에서 발주하고 조중래 선생이 수행한 <수도권 자동차 대기오염물질 배출량 추정 및 대기오염 저감정책방안 연구>로 출간된다. 이 연구를 통해 대기오염 배출량을 정확하게 추정하기 위해서는 차종별 배출계수의 원단위, 즉 주행km(VKT, Vehicle Kilometers Travelled)당 오염물질 배출량 등의 지표가 개발될 필요가 있고, 도로상의 차량 통행 상태를 분석하기 위한 모형개발이 필요하다고 결론지었다. 또한 자동차 대기오염 저감을 위해서는 도시철도 및 버스 등 대중교통에 대한 적극적인 투자와 자전거, 보행 등의 통행 여건을 개선하는 교통학적 접근이 필요하다고 주문했다.

얼마나 나오는지 보려고 장비도 사고 했지만, 결국엔 실패했어요. 내가 구한 장비로는 측정할 수가 없었어요. 결국 여기까지다, 했죠. 그 후 현실적으로 하드웨어로는 안 되겠다 싶어서 모의실험, 즉 시뮬레이션 쪽으로 방향을 돌렸어요. 그래서 시뮬레이션 프로그램 만들고 그랬죠.

　　김상철　　지금 말씀하신 게 2000년 이후의 일이죠?

　　조중래　　1990년대 말부터 2000년 이후.

모델링과 데이터로 교통을 다루다

　　김상철　　그때 시뮬레이션을 도입했다면 되게 빨랐던 거 아닌가요?

　　조중래　　빨랐죠. 외국에 프로그램 몇 개 나와 있었고, 우리나라에서는 제가 처음 만들었고.

　　김상철　　선생님께서 애초에 모형이나 모델 연구를 시작해서 그런지 몰라도 모델링에 굉장히 개방적이라는 느낌을 받았어요. 학자들은 보통 안전한 방식이나 이미 확립된 방식을 쓰잖아요. 근데 시뮬레이션 모델 구축은 어떤 면에서 보면 굉장히 손이 많이 갈 것 같은데.

　　조중래　　많이 가죠.

김상철　그런데도 그걸 한번 해봐야겠다고 생각하신 것 자체가 저로서는 조금 놀라웠습니다. 민간 기업에 계셨던 것도 아닌데 그런 일을 굳이 하게 된 동기가 궁금합니다.

조중래　당시 우리나라에서도 모형을 써서 시뮬레이션 분석을 했어요. 그런데 다 외국 소프트웨어여서 우리나라 상황을 설명 못 하는 경우가 많았어요. 그런데도 학자들이 왜 시뮬레이션 분석을 했느냐? 클라이언트들, 즉 공무원이나 기관이 요구했기 때문이죠. 공무원들은 결과의 맞고 틀림에 관심이 없었고 결과가 예쁜지만 봤어요. 시민들한테 예쁜 그림으로 설명할 수 있느냐 없느냐만 중요했죠. 지금도 마찬가지예요. 나는 그건 아니다 싶어서….

김상철　그래서 아예 소프트웨어를 직접 만드셨죠?

조중래　네. 그리고 그렇게 만든 소프트웨어를 기반으로 아주 큰 소프트웨어를 만들려고, 서울시 전체의 교통 상황을 시뮬레이션할 수 있는 소프트웨어를 만들려고 한 2년 포스텍하고 협업했어요. 그러다 포스텍에서 사업성이 없다며 접는 바람에 창고에 들어갔죠.

김상철　그게 현재 상황인가요?

조중래　창고에 있어요, 그냥. 그러니까 제가 교통수요 분석 소프트웨어 만들기 전에 시뮬레이션 소프트웨어를 만들었죠.

김상철   아, 시뮬레이션이 더 크고 그 안에 수요 예측이 있는 게 아니라 각각 다른 거군요?

조중래   전문적으로 구분하자면, 수요 예측은 거시적인 (macro) 분석이고 시뮬레이션은 미시적인(micro) 분석이죠. 교차로에서 차가 섰다 갔다 하는 것까지 다 분석하는….

김상철   그럼 시뮬레이션이 훨씬 더 크겠네요.

조중래   훨씬 크죠.

김상철   그렇구나. 아쉬우셨겠어요. 마무리를 못 해서.

조중래   아쉬운 것 없어요.

김상철   조사해보니까 1995년도에 서울시 시정개발연구원에서 교통 데이터 관련 책임 연구도 하셨더라고요. 그래서 저는 그 보고서(<서울시 교통조사 데이터베이스 구축방안 연구>)를 보면서 그때부터 벌써 교통 데이터 관련 자료를 만드셨나 했거든요.

조중래   그건 다른 이야기인데, 정확한 연도는 기억 안 나요. 명지대학교에서 근무할 때 총장이 고건 씨였어요. 고건 씨가 어느 날 부르더니 "시정개발연구원에 가서 일 좀 도와주세요" 그러더라고요. 파견 나가라는 얘기지. '거기 교통팀이 있는데 책임을 맡아줬으면 좋겠다'라는 거예요. 아니 뭐 총장이 그렇게 얘기하니까 어떡해. 그래서….

김상철   나중에 고건 씨가 시장이 되죠.

조중래   교통팀에 가서 서울시 교통 전체를 정책적으로
분석하려고 보니까 데이터베이스가 하나도 없어요. 그전에 몇
억 원씩 들여서 가끔 교통조사를 했는데 체계적으로 관리하지
못해서 사라진 거예요. 그래서 그 시스템을 만들어야겠다 싶어
서 예산을 짜봤더니 한 7억 원 정도 나오더라고요. 그 7억 원을
어떻게 받나 난감했죠. 그때 시장이 조순인가 최병렬인가 모르
겠다. 조순이었던 것 같아요.

김상철   조순이네요.

조중래   그때 부시장이 이해찬이었어요. 그래서 제가 서
울시 회의 갔다가 이해찬 부시장한테 '이런 사업을 해야겠는데
예산이 한 7억 원 든다. 지원해주면 좋겠다'라고 했더니 바로 지
시를 내렸는지 예산이 내려오더라고요. 그래서 가구통행실태
조사를 하고, 그걸로 서울시 기종점통행(OD통행) 자료*를 구축
했어요. 그때가 처음이었고, 그때부터 계속 5년마다 한 번씩 조

---

* 교통 분석의 가장 기본적인 단위는 시점부(Origin)와 종점부(Desti-
nation) 간의 이동이다. 가령 역 A, B, C가 있는 철도 노선이라면, 3개 역 가운데
한 역에서 탑승해 다른 역에서 하차하는 경우의 수는 총 6가지이다. 이들 경우
의 수마다 몇 명이 탑승하는지 나타낸 것이 'OD통행' 자료이다. 도시 전체로 확
대할 때는 역 대신 행정구역이나 그보다 작은 통계 구역으로 기점과 종점의 기
준을 결정하고, 이들 사이의 경우의 수를 명시할 수 있는 행렬을 작성하며, 이
행렬의 칸마다 기종점 간 통행량을 모두 조사해 넣는다. 이를 주기적으로 반복
해 작성하면 교통수요 예측에 사용할 수 있다. 한국에서 가장 먼저 체계적인
OD통행 데이터를 만든 곳이 서울시이고, 이를 주도한 이가 조중래 선생이다.

사했어요. 아마 지금도 하고 있을 거예요.

김상철   관련 법이 만들어지기 전부터 하셨죠?

조중래   교통체계효율화법이 만들어지기 전부터죠. 제가 실태조사를 하고 1년인가 2년 있다가, 그때가 IMF 이후 한창 어려울 때라 공공근로사업이 생겼어요. 교통개발연구원에서 공공근로사업의 하나로 교통조사를 했어요. 그때 책임자가 김동현이라고, 내가 잘 아는 후배였어요. 그 친구가 내 작업을 보더니 공공근로사업 예산을 확보해서 전국 OD통행을 조사하자, 이렇게 된 거죠.

김상철   아, 그렇게 된 거였군요.

조중래   그래서 전국 OD통행을 조사했고, 그렇게 국가교통DB센터가 만들어졌어요. 한국교통연구원에 국가교통DB센터가 그렇게 만들어졌어요.

김상철   그렇구나. 이게 또 공교롭게도 IMF라는 맥락이 있었네요.

조중래   IMF 터진 다음에 국토부에서 공공근로 재원*을 투입해 조사했죠. 그때 공공일자리 사업비가 한 200억 원인가

*   1998년부터 시행된 정보화근로사업이라고 부르는 형태의 공공일자리를 말한다. 1999년 국토교통부는 자체 예산으로 전국 교통 DB 구축 사업을 진행하는데, 예산은 109억 원, 고용인력은 816명이었다. 자료는 한국전자정보통신산업진흥회(KEA)가 2000년에 펴낸 《2020 정보산업연감》 제4장 4절에 실려 있다.

들었을 거예요. 별도로 한국교통연구원에서 진행한 건 백몇십억 원인가 들었고.

김상철   그렇구나. 그렇다면 교통 데이터 구축은 어떤 면에서 보면 우발적이었네요. 뭔가 체계를 갖춰서 만든 게 아니라.

조중래   세상일이란 게 다 그런 계기가 있죠.

행정에 반하여 사실을 말하다

김상철   교통 쪽으로 넘어오면서 수리에 집중한 셈이잖아요. 괴리 같은 건 느끼지 않으셨어요? 이를테면 선생님의 관심사인 공해 문제와, 수리 모형으로 공무원들한테 예쁜 그림을 보여줘야 하는 것 사이에서….

조중래   저는 공무원들한테 예쁜 그림 보여주겠다는 생각을 한 번도 한 적이 없어요.

김상철   진짜로요? 어쨌든 그런 압력은 있잖아요.

조중래   압력이 있든 없든 저하고는 아무 상관 없는 일이에요.

김상철   아니, 그러면 일을 못 받는 거 아니에요?

조중래   그래서 제가 공무원이 주는 일을 별로 안 했어요. 서울시 시정개발연구원에 있을 때 말고는 사실 한 일이 없죠.

시정개발연구원에 있을 때는 공무원들하고 많이 싸웠어요. 그때 일화가 하나 떠오르네요. 당시 지하철 수송분담률*이란 게 있었어요.

　김상철　　1990년대 후반 정도인가요?

　조중래　　1990년대 후반이에요. 그때 서울시에서 지하철 수송분담률을 70%로 잡고 있었어요. 왜냐하면 그전까지 전문가들이 뭉쳐서 서울시 지하철 수송분담률의 정책 목표가 70%

---

*　지하철 수송분담률이란 전체 인원 통행, 또는 전체 대비 도시철도의 수송량(인km) 비율을 의미한다. 통상 서울 시내에서는 인원 통행 수를 기준으로 계산한다. 2호선이 완전히 개통된 1984년에 처음으로 10%를 넘었다("차표 한 장으로 지하철–시내버스 이용 88년까지 환승요금제", <조선일보>, 1984. 12. 6). 1기 지하철(1~4호선) 기획 시에는 도시철도 수송분담률 약 24%를 목표로 했으나 완공 이후 1980년대에 실제로 기록된 값은 16~17%였다. 이후 2기 지하철(5~8호선) 기획 시 도시철도의 수송분담률 목표치는 약 50%("서울 지하철 대폭 늘린다", <매일경제신문>, 1989. 3. 9), 3기 지하철(9호선, 폐기된 10~12호선) 기획 시 목표치는 약 75%까지 올라간다. 그러나 이들 목표는 과대 평가되었다는 지적이 1990년대 중반 제기된다(강승규, "서울 지하철 수송분담률 산출 조작 의혹", <경향신문>, 1995. 10. 12). 본문은 이 상황을 가리킨다.

　　참고로 실제 2기 지하철 완공(2001년) 이후 기록된 도시철도 수송분담률은 약 30%이며, 이후 투자가 누적되어 2019년(코로나 직전, 정상적 수송량 기록)에는 약 42%가 되었다. 이 해에 다른 수단의 수송분담률은 버스 24%, 승용차 25%, 택시 6%, 기타 4%였다. 단, 이들 값은 모두 인원 값이며, 수송 거리를 고려한 값은 아니다. 도시 대중교통 가운데 도시철도의 수송 거리가 비교적 길고 버스의 수송 거리는 짧아서, 수송 거리를 기준으로 하면 도시철도의 분담률이 더 올라갈 수 있다. 또한 국가교통DB의 실제 값을 기반으로 재산정하면 승용차가 더 비중이 높다는 사실을 다시 확인할 수 있다. 다만 2005년 이후 연도별로 대중교통 수송분담률이 조금씩 증가한 것은 사실이며, 도시철도 4, 버스 2, 승용차 4(택시 포함)의 비중으로 기억하면 크게 틀리지 않는다.

라고 계속 주장했거든요.

김상철　그러니까 장래 분담률과 관련해서?

조중래　현재 분담률.

김상철　아, 그 당시에 분담률이 70%나 된다고 얘기했다고요?

조중래　조사할 수 없으니까 70%라고 계속 주장한 거죠. 장래에도 그 추세를 유지해갈 거라고 했어요. 매년 설정하는 정책 목표도 대부분 70%, 75%였어요. 근데 제가 보기에는 아무리 잡아봐야 30%밖에 안 돼요. 그래서 시장한테 보고하면서 "정책 목표가 30%입니다"라고 했더니 난리 났죠. "아니 여태까지 70%였는데 갑자기 30%로 하면 어떡하란 얘기냐?"

김상철　갑자기 줄어든 것처럼 보이니까요.

조중래　네. "아니, 70%인 이유를 나는 잘 모르겠다. 내가 해보니까 30%밖에 안 나온다, 그것도 잘해봐야. 정확한 숫자를 가지고 정책을 수립하고 집행해야지 엉터리 숫자로 하면 시민들한테 거짓말하는 것밖에 더 되겠냐?"라면서 엄청나게 싸웠죠. 결국 30%로 바꿨어요.

김상철　말씀하신 수치가 현재의 분담률과도 비슷하네요. 근데 70%란 말이 먹혔다는 게 더 놀라운데요?

조중래　그때는 공무원들이 70%로 하자고 하면 전문가

들이 그렇게 만들어줬죠.

김상철　70%면 교통 이용하는 사람의 2/3 정도가 지하철로 몰린다는 뜻인데, 실제로 그렇게 보였어야 할 텐데….

조중래　그만큼 다들 개념이 없었죠. 또 하나 박 터지게 싸운 문제가 있어요. 그때도 시정개발연구원에 있을 때인데 '서울도시기본계획 2020'*이던가, 2020년까지의 서울시 기본 계획을 만들었어요. 조순 시장 때.

김상철　아, 조순. 네네.

조중래　도시계획 파트에서 담당했는데 그중 교통을 제가 책임지고 있었죠. 도시계획 파트에서 서울 지하철 노선을 쌍안경 모양으로 그려서 올려놨더라고요. 여의도를 중심으로 오른쪽으로 한 바퀴 삥, 왼쪽으로 한 바퀴 삥 도는 모양으로. 그래서 내가 "아니 이게 뭐죠?"라고 했더니, 여의도 주변을 둘러싼 역세권, 생활권 패턴을 고려해서 그렇게 그렸다는 거예요. 내가 지하철 수요 분석하면 이렇게 안 나온다면서 반대했어요. 근데 그 그림을 당시 도시국장이 엄청나게 좋아한 거야.

김상철　그림이 예쁘니까요.

조중래　그렇죠. 그게 지하철이어서 교통 파트 책임자인

---

*　1997년 발표한 '2011 서울도시기본계획'을 말한다.

내가 발표하게끔 돼 있었어요. 바꾸자, 말자 실랑이를 벌이다가 아예 빼기로 했죠. 그런데 발표 당일 발표문을 보니까 그 그림이 딱 들어가 있어. 위에서 그냥 밀어붙인 거죠. 도시국장이 그냥 하라고 해서 "전 못합니다" 하고 그냥 나와버렸어요. 발표장에서.

김상철 황당했겠네요, 공무원들은.

조중래 난리가 났죠, 도시국장이.

김상철 어떻게 수습됐어요?

조중래 날 찾으러 다니고 막 난리가 났어요. 그래서 어떻게 수습했냐? 제가 발표문에서 그것만 쏙 빼고 얘기하고 발표를 끝냈죠.

김상철 뒤져보면 그 그림이 남아 있겠네요. 발표 자료였으니까.

조중래 있겠죠. 내 말은 전문가를 싸잡아 비난하는 게 아니라, 일부 전문가의 일에 대한 접근법이 문제라는 거예요. 특히 내가 평생을 봐온 교통, 도시 쪽 전문가들이 항상 공무원을 바라보고 있어요. 돈이 거기서 나오니까. 어떻게 보면 설계는 미리 공무원이 다 하고 그 설계에 맞는 기반 데이터를 전문가가 만들어주는 모습이 너무 많이 보이죠.

김상철 그 사건 뒤로 서울시 일은 거의 못 하셨겠네요?

조중래　서울시 일이요? 서울시 일은 한 적이 없죠. 저는 지방자치단체의 일을 해본 적이 없어요. 한 거라곤 전부 국가 R&D(연구개발) 사업.

김상철　그것도 되게 독특하네요. 제가 알기로는 대학 차원에서 학생들의 진로나 대학의 위상 문제로 수주 압력이 되게 세다던데. 특히 교통공학 쪽이면 규모도 크잖아요. 지방자치단체 수주를 따라는 압력이 당연히 있었을 텐데 어떻게 배짱을 부리셨어요?

조중래　아니, 그건 배짱이 아니고…. 1990년대 초반에 하남에서 송파까지 경전철을 만들려는 움직임이 있었어요.* 그때 하남시와 송파구가 공동으로 타당성을 검토해달라고 요청했죠. 두 곳 모두 그 사업 하기를 원하면서요. 그런데 검토해보니까 하면 안 돼. 그 구역이 전부 그린벨트인데 뭐. 그래서 많이 싸웠죠. 나한테 검토 맡기기 전에 그 사업을 해도 된다는 보고서들이 몇 개 있었어요. 그러니까 나한테 최종적으로 승인받고 싶었던 거죠. 그런데 내가 안 된다고 결론 내린 거예요. 이 사업

* 　1992년 하남~상일동(5호선, 과거 5호선 종점) 약 8km 구간에 제안된 노선이다. 본래 강동역(상일동보다 약 5km 도심 방면에 더 가까움)까지 연결하려 했으나 민간자본과 협상 실패로 흐지부지되었다. 이후 하남시와 강동구 사이의 그린벨트에 미사 신도시가 건설된 뒤에 유사한 선형으로 5호선 연장 사업이 진행되었다. 5호선 연장선인 하남선은 2020~2021년 순차적으로 개통되었다.

은 수십 년 후, 이를테면 50년 후 그린벨트 해제와 맞물리면서 새로운 개발계획이 수립될 때 재검토해야 한다고 했더니 저쪽에서 화가 났죠. 내가 매번 그런 식으로 결론을 내버리니까 지방자치단체하고는 관계가 없어졌죠.

김상철   정말 안 좋아했겠습니다.

조중래   안 좋아했죠. 정말 안 좋아했어. 대충 맞춰주고 그래야 했는데.

김상철   생각해보면 여전히 그런 보고서들은 많이 나오거든요. GTX 연장과 관련해서도 그렇고 GTX 노선 더 넣는 사업도 그렇고, 모두 지방자치단체가 요구하면 교통 쪽 전문가가 근거를 대는 방식으로 국회 세미나든 뭐든 해서 나오는 것들이니까요. 그래서 선생님이 그런 흐름과 어떻게 거리를 둘 수 있었는지 상상이 안 갑니다.

조중래   그냥 쉽게 대답하면 DNA예요, DNA. 그리고 그쪽 사람들도 나한테 일 안 맡기지. 자기들 원하는 결과가 안 나오니까. 그래서 저는 그쪽 일 쳐다보지도 않고 국가 R&D 사업만 했죠.

김상철   그러면 연구실에 함께 있던 학생들, 대학원생들 건사하기 힘들지 않으셨어요?

조중래   그거 아니어도 기회는 많아요. 일 년에 몇십억 원

되는 사업도 있고, 교통 쪽의 국가 R&D는 웬만하면 100억 원이 넘어가요.

김상철　이를테면 데이터 관련한?

조중래　데이터 관련한 연구개발도 있고, 신호 등을 포함한 지능형교통체계(Intelligent Transportation System, ITS)*도 있고. 이런 것들에 관해서도 할 얘기가 많은데…. 규모가 엄청나게 큰 연구개발 사업 같지만, 결과는 아무것도 없어요.

김상철　지금 말씀하신 내용이 사람들 눈에 확 띄지는 않지만, 토대가 되잖아요. 정책이라는 건물을 세울 수 있는 토대. 그런데 타당성 보고서를 보면 대부분 국가교통DB를 근거로 한다지만, 약식 조사 몇 개는 기존 조사 결과를 쓸 수 있다고 되어 있죠. 기존의 연구 보고서를 참조하는 방식으로 서술돼 있기도 하고요. 그래서 기존 연구 보고서를 찾아보면 거기도 기존 연구 보고서를 참조한다고 되어 있어요. 그럼 과연 원 데이터를 사용하고 있나 하는 의심이 들어요. '서로 참조만 하지 진짜 원 데이터를 쓰는 연구가 있을까?'라고요. 그런데 선생님께서 하

---

*　현행 국가교통체계효율화법 제2조(정의)에서는 "교통수단 및 교통시설에 대하여 전자 제어 및 통신 등 첨단 교통기술과 교통정보를 개발 활용함으로써 교통체계의 운영 및 관리를 과학화·자동화하고, 교통의 효율성과 안전성을 향상시키는 교통체계를 의미"한다고 정의하고 있다. 일반적으로 교통신호체계 등에서의 자동제어 장치, 하이패스나 경유 차 부담금 징수 등의 과금 시스템, 실시간 교통정보제공 등이 이 분야에 해당한다.

신 일은 원 데이터 구축 작업이었잖아요.

이렇게 질문드리고 싶습니다. 왜 조사 보고서라면서 사용하는 데이터는 새로운 조사를 통해서 만들지 않을까요? 정책보고서들을 보면 참조하는 과거 보고서의 원 데이터는 정말 옛것이 돼버리는 경우가 많더라고요. 왜 정책보고서의 데이터와 원 데이터 간에 시차가 크게 생길까요?

조중래　과거 데이터를 참조하는 게 아니라 과거 보고서를 참조하죠.

김상철　그렇죠, 과거 보고서를 참조합니다.

조중래　과거 데이터를 참조하는 것과 과거 보고서를 참조하는 것은 완전히 달라요.

김상철　맞습니다.

조중래　데이터 분석에 대해 말하자면, 데이터가 굉장히 방대하거든요. 크기가 매우 커요. 서울시 자료만 해도 매트릭스 칼럼(column)이 1,500이나 되는 데이터를 운영해야 하는데,** 그걸 제대로 운영할 줄 아는 전문가가 별로 없어요. 그런 테이

**　　통상 통행량 데이터는 각각의 통행이 어디에서 출발해 어디에 도착하는지를 확인해 구축한다. 이때 기본 단위는 대체로 행정구역이다. 한국에서는 읍·면·동이 최소 단위로 주로 쓰인다. 서울의 행정동은 426개이므로, 서울의 통행 데이터를 구축하기 위해서는 $426^2(=181,476)$가지 경우의 수를, 경기도 읍면동 550개와 인천 155개를 모두 포함하는 수도권 통행 데이터를 구축하기 위해서는 $1,131^2(1,279,161)$가지 경우의 수를 모두 검토해야 한다.

블이 한 개가 아니라 수십 개 있거든요. 그걸 다 분석하려면 힘들뿐더러 제대로 할 수 있는 사람도 몇 명 안 되니 과거 연구 내용을 그대로 인용한다든지 해서 넘어가죠. 그게 우리나라 교통 분야의 민낯이에요. 특히 수요 분석 쪽에는 할 수 있는 사람이 몇 명 없어요.

김상철　제가 선생님 인터뷰 준비하면서 교통공학과의 수요 예측 관련 강좌를 쭉 찾아봤어요. 과목 설계가 어떻게 되는지 궁금해서요. 근데 별로 없더라고요, 진짜.

조중래　옛날에는 그게 주류였어요. 1990년대 초까지만 해도. 그러다 ITS가 들어오면서 교통 전공자들이 소위 첨단교통 쪽으로 쏠려버렸죠.

김상철　인기 있는 주제로 쏠렸군요.

조중래　이제 수요 분석할 줄 아는 사람이 거의 없죠.

김상철　조그마한 개발 사업을 하더라도 교통영향평가를 하고, 교통영향평가에서 가장 핵심은 교통 유발 요인이잖아요. 교통 유발 요인은 기본적으로 수요 예측 모델에서 나오고. 지금도 교통 유발 요인에 대한 보고서가 꾸준히 나오는데 그걸 하는 사람이 없다니 이해가 안 되네요.

조중래　'할 줄 아는 사람이 없다'라는 내 말은 제대로 성심성의껏 하는 사람이 없다는 뜻이에요. 데이터 분석은 다 하죠, 당연히 하죠.

김상철　그러면 지금 나오는 교통영향평가 보고서들은 기존의 보고서에서 숫자만 바뀌는 수준의 문제일까요, 아니면 현재 사용하는 교통영향평가의 모델링 문제일까요? 그러니까 연구의 게으름 문제인지, 방법론의 문제인지 궁금합니다.

조중래　예측 모형도 어떻게 보면 천차만별일 수 있어요. 아주 간단한 예를 들어보죠. 어느 동네 아파트 한 채당 사람 몇 명이 통행하더라, 그러면 수요 예측을, 여기는 아파트 열 채니까 곱하기 10이다, 이렇게 해버려요. 또는 아파트 한 채의 인구 구성 곧 거주자의 남녀 비율과 여러 특성을 따져서, 여기서는 어떤 통행이 하루에 얼마씩 일어나더라, 이렇게 분석합니다. 그다음 전체 열 채의 아파트 성격이 이 한 채와 유사한지를 따져봐서 유사하면 그 데이터를 쓰고, 아니면 새로 조사하든지 하죠. 가령 판교 신도시 사람들을 서울 출퇴근만 놓고 해석하는 사람이 있는가 하면, 여러 방면에서 해석하는 사람이 있죠. 접근 방법에 편차가 있어요.

그런데 발주처나 외부 사람은 결과만 보니까 이게 어떻게 나왔는지 모른단 말이에요. 발생량이 얼마라고 하면 그냥 그런 줄 알지, 계산 방법을 세밀하게 들여다보지 않으니까 맞았는지 틀렸는지 몰라요. 맞았는지 틀렸는지를 들여다보려면 유사한 데이터끼리 상호 검증해야 하고, 이 데이터에 맞는 방법이 뭔지 심층적으로 고려도 해야 해요. 그걸 알기 때문에 보고서 만드는 친구들이 적당히 해 와도 다 승인하죠. 검토에 신경 쓸 시간도 뭣도 없으니까.

김상철　최근 제가 사는 동네에 대규모 아파트 단지가 들어섰는데, 그걸 계기로 코스트코 매장이 개장하려나 봐요. 서울 최대 규모라는 식으로 홍보하는데요, 그러면 거주자 수요뿐 아니라 상업시설에 따른 수요도 생길 텐데 교통영향평가로는 그 수요가 잘 보이질 않아요. 그래서 지역 활동 단체가 이 문제를 제기할 방법이 없겠냐고 문의하더라고요.

우리 동네 거주자들은 아파트가 새로 지어지면 교통량이 늘어나는 건 당연하다는 전제를 가지고 있어요. 그러니까 상업시설이 들어서면 당연히 교통량이 증가한다고 생각하죠. 저는 코스트코에 딸린 주차장을 계획보다 작게 지어서 자가용 이동을 억제해야 한다고 생각하지만, 주민들은 큰 건물에 큰 주차장이 들어서는 건 당연하다고 생각해요. 논쟁거리가 안 되죠. 그러다 보니 코스트코 자체를 반대하는 방법밖에 안 남아요. 저는 코스트코 반대가 아니라, 더 괜찮은 교통환경을 만들기 위해 싸우고 싶었는데.

조중래　하남 스타필드 아세요?

김상철   네, 알죠.

조중래   오래된 얘기인데, 제가 국토부 중앙도시계획위원회* 위원일 때 하남 스타필드 건이 올라왔어요.

김상철   "한국에서 두 번째로 큰 쇼핑몰"**이라고 한 기사가 있네요.

조중래   네, 하남 스타필드 건이 올라와서 용역팀이 수요를 분석했어요. 근데 정확히는 기억 안 나지만, 수요 분석 수치가 너무 작은 거야. 그 수치가 그대로 적용되면 교통체증이 엄청날 게 뻔했어요. 미사리 바로 옆에 붙어 있으니까. 그래서 내가 이 수치는 잘못됐다고 했죠. 당시 나는 스타필드를 추진하는 자본이 어디인지 몰랐는데, 지금 생각하면 어마어마한 자본이 붙은 거였어요. 근데 도시계획 쪽 사람들은 다 승인했어요. 교통 쪽은 나 혼자였고.

---

*   국토의계획및이용에관한법률 제106조에 의해 설치된 법정 위원회. 주로 광역도시계획, 토지거래계약허가구역 등 국토교통부 장관의 권한에 속하는 사항의 심의를 담당한다.

**   부지면적 110,000㎡, 연면적 450,000㎡에 달한다(용적률 약 400%). 축구장이 약 5,000㎡이므로 연면적만 축구장 90개 넓이이다. 주차장 규모는 약 6,200면이나 당연하게도 불법 주차가 흔하다. 2016년 가을에 개장했으므로 도시철도의 지원은 2021년 봄에 생긴 5호선 검단산역이 생길 때까지 약 5년간 없었다. 또한 이 역의 출구와 스타필드는 약 600m 떨어져 있다. 철도망과 아무런 연동 없이 오직 도로에만 의존해 건설된 미국식 쇼핑몰의 전형이라고 볼 수 있다.

김상철　잠깐만요, 계신 곳이 교통 관련 기구 아니었어요?

조중래　중앙도시계획위원회. 거기에 교통 심의하는 사람으로 들어갔어요.

김상철　정말 혼자만 계셨어요?

조중래　네. 여하튼 내가 안 된다며 혼자서 싸우다 싸우다 '그럼 건물 규모를 줄여라'라고 해서 줄인 게 지금 상태예요.

김상철　그럼 원안은 더 컸나 보죠?

조중래　네, 정확히는 모르겠는데 한 1/3로 줄였나?* 그러고 난 다음에 나는 중앙도시계획위원회에서 잘렸죠. 보통 연임하는데. 그래요, 우리나라가.

김상철　그렇게 곳곳에서 미운털이 박혀서 활동하시기가….

조중래　내가 하고 싶은 일 하는 거죠, 뭐. 어쨌든 지금 코스트코도 엄밀히 들여다볼 방법들이 있어요. 있는데 안 보죠.

김상철　그렇죠. 그래서 저는 이제 교통과 관련한 싸움도 너무 선정적으로 가는 것에 대해서 거부감이 있거든요. 이를테

---

*　현 부지 동쪽에 150,000㎡ 이상의 화훼단지 부지, 그리고 남쪽에 약 40,000㎡의 주차장 부지가 있다. 이를 모두 건물로 활용하면 부지면적만 3배 늘어난다.

면 거기가 초등학교 앞이어서 교통량이 늘어나면 학생들의 보행 안전이 위협받는다고 하는데, 요즘에는 보차분리가 다 되어 있잖아요. 물론 교통량이 늘어나면 위협 요소가 늘어나는 건 맞아요. 하지만 그게 직접적인 싸움의 이유가 되어버리면, 사업자가 "안전 설비 더 하겠습니다"라고 하면 그만이지 않습니까? 그래서 이 문제를 초등학교와 엮지 말고 차라리 대중교통 연계를 강화하는 방식으로 풀면 어떨까 했는데 동의를 못 얻었어요. 아파트 단지가 들어서면 차는 당연히 막힌다고 학습된 것 같아요.

조중래 근데 요새는 도로를 너무 잘 뚫어요. 너무 많이 뚫어요. 그래서 예전보다 차가 안 막혀요.** 굴을 저렇게 많이 뚫어도 괜찮을까 싶은 생각이 들죠.

적정 기준이란 없다

김상철 예전에 서울시에서 광화문광장 새로 조성한다고

** 언급처럼 도로 부지는 매년 약 2%씩 증가하고 있다(2010년 2,858㎢ →2020년 3,386㎢). 하지만 같은 시기에 교통량은 매년 3%씩 증가해(2010년 비사업용 승용차 주행거리 1,605억km→2,205억km) 교통 문제가 해결되지는 않았다. 한정된 국토 면적을 고려하면 도로 신설로 교통체증을 완화하는 것은 불가능하다.

한창 시끄러웠을 때, 서울시 교통정책과에 계셨던 선생님께서 논의 과정에 교통이 먼저 얘기된 적은 단 한 번도 없다고 말씀하셨죠. 도시계획 쪽에서 그림을 다 그려놓고 거기 맞춰서 교통 대책 짜라고 하면 짜는 게 교통정책과 역할이었지, 한 번도 교통을 먼저 앞세워 고민한 적은 없다고요. 조중래 선생님이 얘기하셨듯이 교통이 공간 내에서 굉장히 중요한 요소이고 그 공간을 어떻게 쓸 것이냐 하는 문제와 밀접한데, 여전히 무언가에 딸린 이미지예요. 안타깝지 않으세요?

조중래 　안타까운 것도 없고 정답도 없어요. 왜 정답이 없다고 하느냐? 예를 들어볼게요. 어떤 도로가 있어요. 도로 주변에 상가가 있고요. 그 상가 쪽에서 보면 도로가 막히는 게 좋겠어요, 뻥뻥 뚫리는 게 좋겠어요?

김상철 　뚫려서 사람들이 많이 왔다 갔다 하는 게 좋지 않을까요? 아니, 막힌다는 건 그만큼 사람이 많다는 뜻이니까 어느 정도는 정체되는 게 좋을까요?

조중래 　이게 소위 어메니티(amenity)*라는 거예요. 사람들은 도로가 뻥뻥 뚫려야 좋다고 생각하잖아요. 근데 어떤 경우

---

* 　어메니티는 어떠한 지역의 장소나 날씨 등에서 느끼는 쾌적함을 의미하는 용어로, 이와 같은 쾌적함을 주는 편의시설 전체를 말한다. 도시에서의 어메니티는 기반 시설의 충분성을 중심으로 논의되는 경향이 있다.

에는 적절하게 막히는 게 좋아요. 제가 하나의 도시에서 주택과 환경과 공해와 교통은 함께 어우러진다고 말했잖아요. 그건 도심도 똑같아요. 가령, 오랜만에 친구 만나서 밥도 먹고 술도 마시려고 강남에 갔는데 도로에 차들이 쌩쌩 지나간다면 재미없겠죠. 차가 빽빽하게 막혀서 빵빵거리는 소리 나고, 그러니까 사람도 와자지껄하고 차량도 와자지껄해야 재미있겠죠. 어번 액티비티(Urban activity, 도시 활동)가 활발하게 일어나는 어떤 도심의 도로는 정체가 필요할 수도 있다는 말입니다. 도로를 단순히 지나가는 사람에게는 불편하겠지만 도로 주변에서 장사하는 사람, 도로 옆 보도를 오가는 사람한테는 다르겠죠. 모두가 공유하는 시설이 도로잖아요. 통행하는 차량만 이용하는 곳이 아니라.

김상철　도로라고 하면 보통은 자동차의 배타적 공간이란 이미지가 워낙 강하다 보니까….

조중래　그렇게 생각하면 차만 쌩쌩 달리는 게 좋죠.

김상철　말씀 들으니까 생각나는 일이 있네요. 2000년대 초반 노무현 정부 때였던 것 같은데, 도로 예산 등이 토건 예산으로 불리면서 규모를 축소해야 한다**는 말이 나돌았죠. 도로

**　과도한 도로 건설이 대표적인 토건국가의 상징으로 여겨지면서 2000년대 초반부터 도로 인프라에 집중된 교통시설 투자를 줄여야 한다는 논의가 있

가 충분하다면서요. 그러자 국토부 쪽이었나, 연구원 한 명이 새로운 지표를 만들어 와서는 다른 나라들에 비해 여전히 도로 공급이 부족하다고 말해 논쟁이 일었어요. 충분함의 기준은 상대적이겠죠?

조중래　그럼요. 도로가 충분하다, 부족하다는 다 상대적인 얘기죠.

김상철　그런데 도로가 늘 부족하다면서 현재 교통시설 특별회계에서 도로 예산을 줄이지 않으니까, 저희 같은 단체는 결국 적정화 방식으로 가야 한다고 주장하게 됩니다. 도로를 무조건 줄이자는 말은 이제 안 먹히니까요. 하지만 찾아봐도 적정에 대한 기준이 없더라고요.

조중래　적정 기준이란 없어요. 그냥 사회적 합의예요, 합의. 그런데 재밌는 게 도로 건설에 돈을 아무리 들여도 서울시 통행 속도를 평균 1km 올리기는 힘들어요.*

었다. 주요 종축 고속도로망이 완성되면서 도로 투자는 2000년대 초반 감소세를 기록한다(2003년 9조 원 규모에서 2007년 7조 원 규모). 그러나 이 시기에도 도로 투자를 확대하기 위해 관련 연구자들은 국토 면적 대비 도로량을 기본으로 하는 각종 계수에 의존해 도로가 여전히 부족하다고 주장했다. 2020년대 적정 도로 스톡(현재 유지되고 있는 도로의 양)은 물론이고 이미 건설된 도로의 유지 여부를 판단할 기준에 관한 연구가 필요한 실정이다.

* 　서울시의 연간 통행 속도 보고서는 2013년부터 같은 업체가 동일한 방법으로 작성 중이다. 이에 따르면 통행 속도는 2013년 26.4km/h에서 2020년 24.3km/h로 오히려 감소했다. 반면 같은 기간 서울시의 교통부문 예산은 1조

김상철   그렇습니까?

조중래   그렇게 쉬운 일이 아니에요.

교통정책은 시민의 편에 서야 한다

김상철   다시 선생님 이야기로 돌아가겠습니다. 그럼 귀국
후 1990년대부터는 교통 쪽을 중심으로 활동하신 거네요. 자료
를 뒤져보니 선생님께서 그 이후로 녹색교통운동 같은 데서 주
최하는 토론회 등에 참여하신 것을 확인할 수 있었습니다.

조중래   별로 안 나갔는데?

김상철   그래도 있던데요. 화성시 관련 토론회에도 오시
고…. 어쨌든 같은 시기에 사회 활동을 어떻게 하셨는지 궁금
합니다. 학계에서는 어떻게 일하셨는지 좀 알 것 같은데, 공해
연구회에서 시작된 선생님의 관심이 어떻게 이어졌는지.

조중래   공해연구회 쪽은 제가 의도적으로 접근을 안 했
어요. 앞에서 말했듯이 제가 미국 가고 난 다음에 좋은 분들이
많이 들어와서 활동하고 계셨기 때문에 굳이 다시 가는 건 아
닐 것 같아서. 그렇게 되면서, 이건 뭐 개인적인 얘기지만, 시민

7,000억 원(2003년)에서 2조4,000억 원(2020년)으로 늘어났으며, 매년 5,000
억 원 정도를 도로 건설비용으로 사용하고 있다.

사회에 대한 굉장히 부정적인 시각이 형성됐어요.

제가 학생운동할 때는 시민운동이란 게 없었어요. 그러다가 1980년대 넘어오면서 현재의 시민운동이 생겨났죠. 근데 시민운동하는 분들이 정치권하고 많이 연계되더라고요. 그래서 '이거 뭐지? 시민운동이 제대로 발전해나가려면 자기 자리를 지켜야 하는데…' 싶었죠. 자꾸 정치권으로 흡수되는 모습을 보면서 '저건 아니다'라는 생각이 강하게 들었어요. 특히 노무현 정부 때 엄청나게 많은 사람이, 제가 존경했던 선배들이 흡수되었죠. 거기 들어갔다 나온 사람들이 이룬 성과는 아무것도 없고. 물론 이제 그 배경은 이해하죠. 그동안 워낙 어렵게 지내왔던 분들이니까 유혹에 약했다고. 어쨌든 그러다 보니 시민단체에서 하는 행사나 활동에 소극적으로 접근하게 되더라고요.

김상철   그게 가장 실망스러우셨을 수도 있겠습니다.

조중래   오히려 상황만 더 악화시켰죠. 그게 현재 상황의 시초예요. 녹색교통운동도 내 보기에는 눈에 불을 켜고 자기 발판 만들려는 게 아닌가 하는 생각이 들었죠.

김상철   하지만 굉장히 전문화된 교통 쪽 시민사회단체를 얻기도 했죠.

조중래   그야 알 수 없죠. 교통 쪽에 전문화된 시민사회 만들기에는 두 가지 방법이 있어요. 하나는 시민사회에 있는 분이 전문가가 되는 것, 다른 하나는 교통전문가가 시민사회에 참여하는 것. 후자는 거의 불가능해요. 교통 쪽의 판이 그래서. 하지만 시민사회에 계신 분이 전문적인 체계를 갖춰야겠다 작정하고 교통전문가가 되는 건 가능해요. 단, 그러려면 투철하고 강한 마음이 있어야 해요.

김상철 맞습니다. 해외에는 대중교통 이용자를 대상으로 하는 활동이 교통수단별로 있어요. 그런데 한국은 대중교통을 이용하는 시민이 별도로 조직되는 경우가 거의 없어요. 우리 단체가 버스 이용자들을 모아보려고 정류장 캠페인이든 뭐든 좀 해봤는데, 대중교통을 이용하는 시민은 자신을 소비자로만 생각해요. 대중교통이 본인 혹은 공공의 기여로 만들어진다는 감각이 거의 없어서 정책에 개입할 필요를 느끼지 못 해요. 저로서는 고민스럽습니다. 개인적으로 대중 조직을 지향하는 편이어서 이용자와 함께하고 싶은데 모을 수가 없으니, 결국에는 전문가 네트워크 내지 전문화된 형태로 가야 하나 해서요. 출발점은 이용자를 모아서 그들의 관점으로 교통정책 우선순위를 바꾸는 것이었는데 안 되더라고요.

조중래 지금 그 이용자라는 사람들 대부분이 MZ 세대일 거 아니에요. 그들이 당면한 문제 가운데 교통 문제는 굉장히 말랑하죠. 그렇잖아요. 급격하게 변하는 상황에서 자기 생존 문제, 결혼 문제, 집 문제, 직장 안의 문제, 이게 훨씬 더 큰 이슈 잖아요. 그러니까 교통이라는 이슈는 옛날보다 훨씬 더 비중이 작아지고 있죠. 거기다 워낙 선전을 많이 하잖아요. 우리나라 대중교통 시스템 훌륭하다, 이러니까 대놓고 좋다 나쁘다 얘기 하기가 어렵죠.

김상철　그러게요. 그런데도 집 보러 다닐 때는 대부분 대중교통 연계를 중심에 두잖아요. 지하철역이 있느냐, 광역버스 가 다니느냐 하면서. 또 새로 아파트 단지가 만들어지면 마을 버스 노선 연장하고 싶다, 정류장을 새로 신설하고 싶다, 이런 욕구들이 있고요. 하지만 시민 참여 같은 방식으로는 안 만들 어지는 것 같아요, 확실히. 중요하지 않다고 생각하는 건 아닌 것 같고, '교통정책이 한 번도 시민 참여의 대상이 된 적이 없어 서 그런가?'라는 생각을 요즘 하고 있습니다.

일례로 뉴욕시에서는 요금 인상이든 노선 개편이든 하려 면 지역 카운티를 돌아다니면서 6회 정도 공청회 여는 걸 의무 화하고 있어요. 그런데 서울시는 매우 큰 도시인데도 낮에 한 번 공청회하고 끝내버려요. 그러면 법적 요건이 채워지니까. 그럼 시민들은 대부분 확정된 다음에 그 사실을 언론 보도를 통해 알게 되고, 그때부터 데모하고 민원 넣으면서 서울시와 갈등이 시작되죠. 그런 부분에서 전문가나 관련 시민사회단체의 역할이 필요하지 않을까 하는데요?

조중래　필요하죠.

김상철　솔직히 말씀드리면 공공교통네트워크가 만들어진 지 십몇 년이 됐는데 그사이 교통 관련 단체는 한 번도 만들어진 적이 없습니다. 그러니까 '우리만 중요하다고 생각하는 건가?', 이런 느낌이.

조중래　그래서 공공교통네트워크에 계신 분들이 굉장히 대단하다고 생각해요. 쉽지 않은 일이거든.

김상철　사실 대단하지는 않아요. 왜냐하면 전업으로 활동하는 사람이 없거든요. 선생님이 말씀하셨듯이 좀 더 자기 투자해서 전문가가 되려면 공공교통네트워크에 상근하는 사람이 있어야 하는데.

조중래　상근하는 사람이 없어요?

김상철　없어요. 기본적으로 다른 일들을 하면서…. 저희가 대중 사업을 한번 해본 적이 있어요, 강좌 사업 형태로. 해외 대중교통이 주제였어요. 관심은 높았지만, 그 사업이 우리 단체를 계속 지지해야 할 이유는 되지 못하더라고요. 좋은 일하는 단체라고 여기는 정도. 그래서 고민에 빠진 상황입니다. 시민들은 교통에 관심이 높아요. 그러면서도 어려운 문제라고 생각해 직접 참여하려 하지 않아요.

조중래   자기가 아니라 다른 사람이 할 일이라고 생각하니까.

김상철   맞습니다. 교통 문제와 관련해 시민들에게 가장 큰 문턱은 수요 예측이나 타당성 검토 같아요. 선생님께서 그 얘길 해주시면서, 아무리 전문가 수십 명이 모여서 만든 보고서라도 다시 한번 따져볼 필요가 있음을 환기해주시면 좋겠습니다. 그러니까 시민들이 전문가한테 주눅 안 들게 만들고 싶다, 이게 이 프로젝트의 출발점입니다.

어느 지역에 어떤 대규모 시설이 들어온다고 할 때 지역주민이 기댈 방법은 환경영향평가와 교통영향평가*죠. 그런데 교통영향평가 보고서를 독해할 수 있는 사람이 없습니다. 특히 자치구나 시군구 차원의 조그마한 지역에서는요. 그 보고서를 함께 보면서 '이런 부분에 한계가 있네요'라고 얘기해줄 사람이 필요한데 거의 없죠. 그러다 보니 교통영향평가는 요식 행위가 돼버렸어요.

*   도시의 팽창에 따른 도시 문제 중 교통 문제가 심각하게 대두되자 정부는 1987년 도시교통정비촉진법을 제정하면서 일정 규모 이상의 사업을 하거나 시설을 설치하는 자가 교통영향평가를 받도록 정했다. 이후 규제 정비라는 명목으로 2001년에 기존의 환경영향평가법과 통합되어 운영되다, 다시 평가의 효율성 문제가 제기되면서 2008년에 도시교통정비촉진법으로 옮겨졌다. 그 사이 애초 평가제도가 가지고 있는 규범적 의미는 퇴색하고 행정절차에 따른 형식적인 평가제도로 전락했다는 평가를 받고 있다.

조중래   요식 행위 맞아요. 그러니까 주민들은 필요한 것, 꼭 봐야 할 것을 못 보고 있는 셈이죠.

김상철   혹시 교통영향평가를 직접 해본 적 있으세요?

조중래   교통영향평가는 안 하고 심의를 했죠.

김상철   심의할 때 무얼 보세요?

조중래   한마디로 이야기하기는 힘들죠. 코에 걸면 코걸이, 귀에 걸면 귀걸이 식으로 만들어서 오니까. 심의받으러 온 사람들이 저를 되게 싫어했어요. 내가 교통영향평가심의위원장을 했는데, 들리는 말로는 심의받을 사람이 우리 연구실에 전화해서 "조 교수님 오늘 심의에 나오시냐?"라고 물어보고 그랬답니다. 에이, 내가 나쁜 짓만 했지, 나쁜 짓만.

김상철   그게 무슨 나쁜 짓이에요. 근데 교통 쪽 연구하신 거를 후회하지 않으세요?

조중래   후회하는 부분이 있죠. 내가 해야 한다고 생각하는 걸 못 했으니까.

김상철   주택 연구를 계속하셨으면 더 할 수 있는 일이 많지 않았을까요? 요즘 주택 문제가 훨씬 더 자주 거론되니까요.

조중래   그랬을 수도 있죠. 그런데 주택도 들여다보면, 우리나라 주택시장은 백가쟁명이고 누구 하나 명확하게 절대적으로 영향력을 행사하는 사람은 없어요. 한 가지 염려되는 건,

지금(2022년) GTX 때문에 부동산 시장이 흔들리고 있잖아요. GTX가 이리로 지나간다는 것만 가지고 부동산 시장이 영향을 받잖아요. 그런데 실제로 개통되면 지금 가지고 있는 환상이 다 무너질 수도 있어요. 실제로 개통돼서 시간이 좀 지나면 지금 GTX 때문에 올라간 주택 가격이 어떻게 변할지 몰라요. 물론 아주 인접한 역세권은 오름세를 유지할 수 있어요. 그런데 저도 여기*에서 신분당선** 이용 안 하거든요. 왜냐하면 신분당선 이용하려면 차 가지고 가서 주차하고 타야 하니까요.

　　김상철　　여기도 역세권으로 분류되죠?

　　조중래　　여기도 신분당선 역세권이죠. 수요 분석할 때 다 그런 식으로 해요. 그러니까 실제로는 수요가 그만큼 나오지 않을뿐더러 사람들이 체감하는 효과도 그렇게 크지 않을 거예요. 그게 굉장히 중요하고, 다른 하나는 결론부터 말하면, GTX는 굉장히 잘못된 정책이라는 점이에요. 내 평가로는 실행하면 안 되는 정책이에요. 지방과 수도권의 격차를 훨씬 더 크게 벌

---

*　　'여기'는 분당 중앙공원 인근의 한 아파트 단지이다. 신분당선이 있는 정자역 방면이 아니라 분당선만 있는 수내역, 서현역 방면으로 가로 구조가 짜여 있다.

**　　신분당선 정자~강남 구간은 유사한 구간(정자~선릉)을 병행 운행하는 분당선보다 표정속도(scheduled speed)가 2배 높아 GTX의 강점인 높은 표정속도(통상적인 광역 전철이나 도시철도보다 3~4배 빠르다)가 어떻게 사람들의 선택에 작용할지 보여준다.

려놓는 원인이 될 수 있거든요. 그런데 너도나도 GTX 만든다는 생각만 하지, 그게 도시에 어떤 영향을 미칠지는 아무도 고려 안 하죠.

김상철　지금 저희가 인터뷰 진행한 지 1시간 40분 정도 됐어요. 어떠세요?

조중래　조금 힘이 드네.

김상철　그렇죠. 내일도 이 정도 시간을 넘기지 않는 게 좋겠고요, 내일은 GTX 얘기로 시작하면 좋겠습니다. 사례로 시작하는 게 수요 예측과 관련한 모델 설명이나 타당성 관련 B/C분석의 근거들을 설명하는 전 단계로 의미 있다 싶어서요. 또 현 상황과 가장 맞는 이슈이기도 하고요. 교통정책, 특히 한국 교통정책의 사회적 맥락이나 특징을 GTX를 중심으로 집중적으로 다뤄보도록 하죠.

조중래　그래요.

김상철　오늘 재밌었습니다. 저는 어떤 분야의 정책이든 그 정책의 환경을 만드는 전문가가 어떻게 만들어지는가가 굉장히 중요하다고 보거든요. 교통 관련 컨설팅 회사나 엔지니어링 회사 들어가서 일하다 보면 교통 쪽 전문가가 된다는 게 일반적인 인식인데, 그와 다른 경로로 교통전문가가 된 사람을 보여주고 싶었습니다. 전혀 다른 문제의식을 가지고 인문학적

시각도 겸해서 교통 쪽을 연구하는 사람이 있다는 걸 보여주고 싶었어요. 그런 면에서 오늘 인터뷰가 좋았습니다.

그리고 제가 한국공간환경학회의 박배균, 김용창 선생 등을 알아서 때때로 물어봐요. 그쪽에서는 왜 교통 관련 문제는 거의 안 다루냐고요. 도시계획, 주택, 사회 다양성, 이런 건 얘기하는데…. 최근에 공간환경학회의 1990년대 자료를 볼 수 있는 기회가 있었어요. 1990년대 초중반에는 교통 문제를 꽤 많이 다뤘더라고요.

조중래   공간환경학회? 최병두, 변창흠과 함께 제가 그 초창기 멤버였죠. 그때 교통 쪽은 저밖에 없었는데.

김상철   그럼 내일 공간환경학회 초창기 자료를 가져와 볼게요. 한번 살펴봐 주십시오.

조중래   알겠습니다.

조중래 선생 댁을 빠져나와 역으로 걸어가는 내내 조마조마했다. 자칫 녹음이 제대로 되지 않아 이야기를 다시 청해 듣는 것은 사실상 불가능했기 때문이다. 전철을 타자마자 녹음 애플리케이션을 실행했다. 생각보다 선생의 목소리에 힘이 있었고, 강조하고자 하는 부분에서 딱딱 강조하고 있었다. 녹음이 잘되었다는 안심보다 선생의 건강이 괜찮을지도 모른다는 헛된 기대가 앞섰다. 잠시 숨을 고르는 시간을 제외하고 선생은 시종일관 까랑까랑한 목소리를 유지했다. 다행이라고 생각했다. '치료에 전념해야 할 시간을 빼앗은 것 아닌가'하는 자책을 '선생도 하길 원했을지도 몰라'라는 핑계 속에 잠시 감춰둘 수 있었다.

선생은 개인의 이야기로 이 인터뷰를 시작하는 것에 거부감이 컸다. 앞세울 내용도 아닐뿐더러 본인이 하고 싶은 말과 하등 관련이 없다는 이유에서였다. 하지만 한 명의 교통학자가 탄생하는 과정, 그리고 그 과정에서 튀어나온 '왜 민주화운동하던 청년이 교통학자가 되었나?'를 짚어보는 것은 의미 있다고 생각했다. 공해 운동의 한 부문으로 교통 문제를 천착했다는 이야기는 전문성도 운동의 과제가 되었던 한 시절을 떠올리게 했다.

과거사를 이야기하는 내내 선생한테서 왠지 모를 회한이 느껴졌다. 후학의 말단에 있는 처지에서 그 이유를 물을 수는 없었지만….

2022년 3월 25일

둘째 날

조중래 선생 댁

거대한 교통계획은
어떻게 재난이 되는가

조중래 선생은 교통정책의 종합적이고 이론적이며 가치적인 주제에 관해서는 말하지 않았다. 학자들은 보통 어느 정도 연배가 되면 일반론을 피력하지만, 선생은 그러지 않았다. 그러다 보니 총론에서 각론으로 가는 일반적인 방식의 이야기 구조를 만들 수 없었다. 결국 가장 최근의 논란인 GTX를 주제 삼아 각론에서 시작해 하나의 방법론으로서 수요 예측과 경제적 타당성 분석을 다루는 방식을 택했다. 둘째 날 인터뷰는 선생과 공공교통네트워크가 직접적으로 관계를 맺게 된 계기인 GTX를 중심으로 했다.

거대한 계획은 정치인이 만든다

김상철　교통이 특히 도시 공간에서는 굉장히 중요한 문제이고, 무엇보다 공간과 공간을 연결하는 역동성을 포함한다는 선생님의 의견에 동의합니다. 그런데 그런 교통의 중요성에 비해서 한국의 교통정책은 다른 계획들이 다 자리 잡으면 그제야 하는, 뒷마무리하는 느낌을 주죠. 예를 들어, 도시계획이 세워지면 그를 뒷받침하는 논거를 만들어 내는 역할을 하는 느낌이….

조중래　그 논쟁은 계속 있었어요. 도시계획이 먼저냐, 교통이 먼저냐로 양쪽 전문가들 사이에서. 닭과 달걀의 문제처럼. 하지만 우리나라는 도시계획이 먼저 가고 교통이 뒷받침하는 상황이 지금까지 이어졌죠. 어느 게 먼저고 어느 게 나중이라는 개념이 아니라 함께 가야 하는데. 함께 가려면 도시계획을 세우는 과정에서 교통전문가와 도시계획 전문가가 모여서 공동 작업을 해야 하는데 그러지 않죠. 도시계획 쪽 사람들이 단지 설계하고 도로 다 그려놓으면, 그다음에 교통 쪽 사람들이 그 도로가 적절하냐, 또 다른 문제는 없느냐를 검토하는 정도로 끝나버리죠. 그러다 보니 광역 차원의 문제가 발생하고 그걸 해결하려는 대안으로 교통 쪽에서 GTX가 나온 겁니다.

김상철   GTX 이야기가 흥미로운 까닭은 교통의 법정 상위 계획인 국토계획 아래의 교통계획을 통해서 추진된 게 아니라, 당시 경기도지사 곧 정치인에 의해서 만들어졌다고 해도 과언이 아니기 때문입니다.

조중래   정치공학적 측면에서는 그렇죠.

김상철   네. 그 부분이 흥미롭더군요. 정치인의 입을 통해서 나오면 아주 큰 규모의 교통사업도 현실화되는구나 싶어서.

조중래   교통을 포함해 우리나라 SOC(Social Overhead Capital, 사회간접자본) 건설사업은, 어떤 사람이 아이디어를 내면 철저한 검증을 거치기보다 이해당사자가 얼마나 되느냐에 따라서 결정돼버리는 상황이에요. GTX도 김문수 경기도지사가 제안하자* 국회의원들이 자기 지역구에 유리하다 싶으니까 달라붙었죠. 우리나라 프로세스가 그렇게 되는 것 같아요. 물론 형식적으로는 공청회를 하고 토론회도 하지만, 공무원이나 국

*   2009년 김문수 경기도지사는 《신동아》와 인터뷰에서 최초 제안자가 한국교통연구원 출신의 당시 경기도시공사 이한준 사장이라고 말한다. 이 내용을 가지고 경기도가 한국교통연구원, 한국철도학회, 대한교통학회, 한국터널학회 등과 함께 2년 동안 준비했다는 것이다.

회의원의 태도가 중요하죠. GTX 만들자는데 마다할 국회의원이 어딨어요. 자기 지역구에 아주 팬시한 좋은 시설 짓겠다는데. 그러니까 자기들 힘으로 예산 만들어서 그냥 밀고 나가는 거죠. 즉 SOC 건설 사업이 통합적인 밑그림에 따라서가 아니라 매우 기형적인 방식으로 추진된다고 봐요.

김상철 GTX 제안이 정치인한테서 나왔다는 건 사람들 표를 얻고 싶어서였다고 이해할 수 있어요. 하지만 초기에 그 노선을 제안한 곳은 대한교통학회•로 확인돼요. 요즘에도 철도나 대규모 노선과 관련해서 대학교수 제안이라고 하면 정당성이 있다고 받아들여져 사회적으로 지지받고, 국회의원 등 지역 정치인도 전문가들이 맞는다고 하니까 정말로 해도 되나 보다 하거든요. 특히 GTX 추진이 그렇죠.

조중래 전문가로서 저도 제일 뼈아픈 부분 중의 하나예요. 국회의원들이 여는 공청회나 토론회에 가보면, 저 사람들은 전문가를 소모품으로 여긴다는 게 느껴져요. 자기 지역구에 필요한 말 하는 사람을 잠깐 썼다가 상황이 바뀌면 버리는 식이죠. 자기 정책을 빌드업하기 위해 어떤 전문가한테 지속해서 의견

• 2007년 동탄2지구 신도시 계획이 발표되자 경기도는 대한교통학회를 통해서 '경기 남부 광역교통망 구상 연구'를 발주한다. 그리고 해당 학회는 그해 11월에 '꽉 막힌 수도권 교통, 해결방안은 없는가'라는 토론회를 개최하면서 총 사업비 9조7,786억 원, 보상비가 없는 대심도 방식의 3개 노선을 제안한다.

을 청취하는 게 아니라요. 그래서 저는 그런 데 안 나갔어요.

교통뿐 아니라 도시계획, 토목도 거의 비슷해요. 보통 국가나 지방자치단체에서 큰 사업하고 싶을 때 설득력을 얻기 위해 학회라는 틀을 이용해요. 뻔히 다 아는 내용이에요. 그러면서도 쉬쉬하죠. 학회 구성원들도 뻔하잖아요. 대부분 교수인데, 공무원이나 국회의원하고 친해야 해요. 특히 SOC 관련 학과 교수들은. 물리, 수학 같은 순수과학이나 에너지 부문 학과 교수들은 덜하죠.** SOC 관련 부문, 특히 도시 관련 학과 교수들은 공무원 내지는 국회의원 등 정치가와 밀접하게 연결이 안 되면 자기주장을 펼 수 있는 공간이 없어져 버려요. 물론 용역비라는 달콤함 때문이기도 하지만, 자기가 아무리 올바른 주장을 하더라도 공무원이 받아주지 않으면 정책에 반영시킬 수가 없잖아요. 그러니까 그 사람들하고 계속 친해지려고 애쓰는 거죠. 무리한 요구라도 웬만하면 다 들어주면서요.

김상철　　상아탑 안에서 학문으로 머물지 못하는, 혹은 머물지 않는 교통학 및 교통공학의 특징 때문이기도 하겠네요. 도시라는 공간에 적용되어야 하는 학문이니까.

조중래　　그렇죠. 그건 저를 포함해서 마찬가지죠. 그 속성

** 논란의 여지가 있는 언급이나 유고라는 점을 고려해 남겨둔다.

을 잘 알고 접근하셔야 해요.

김상철　좀 비판적인 시민들은 대부분 이런 문제를 개인의 인격 문제로 오해해요. 나쁜 사람이어서 그렇다, 욕심이 많아서 그렇다.

조중래　사람이 나빠서 그런 게 아니에요. 구조적으로 그렇게 되어 있어요.

김상철　그렇죠. 구조가 바뀌지 않으니까 누가 그 자리에 가도 비슷해지죠. 이게 원래 그런가요, 아니면 한국의 특수성인가요?

조중래　한국의 특수성이라고 봐야죠. 유럽이나 미국 쪽은 상대적으로 독립적이에요. 왜냐하면 학회가 직접 정부나 지방자치단체 예산의 용역을 맡는 경우는 거의 없으니까요. 그런 일은 그야말로 용역업체인 컨설팅 회사가 하죠. 그런데 우리나라에서는 유독 용역업체가 해야 할 일을 학회나 국책연구원이 많이 해요. 외국 교통전문가들은 R&D 사업을 주로 하지 지방자치단체의 용역에 참여하는 경우는 많지 않아요. 그러니까 제 목소리를 낼 수 있죠. 안 되는 건 안 된다, 이렇게 얘기할 수가 있어요.

김상철　그렇군요.

조중래　용역업체의 목적이 원래 그러니 그 사람들을 탓

할 수는 없어요. 문제는 학자들이죠. 학교, 학회 그리고 국책연구기관에 소속되어 있는 학자들. 예를 들어 교통연구원 같은 국책연구기관은 대부분의 운영비를 용역비로 충당해요.

　김상철　종속적일 수밖에 없겠네요.

　조중래　그게 바뀌려면 우리나라 용역, 컨설팅 쪽은 전부 민간 부문으로 넘겨야 해요. 학교에서는 학문만 하고.

　김상철　소위 산학 협력이라는 게 맹점이 있군요.

　조중래　일반 과학기술 부문은 산학 협력이 되죠. 하지만 SOC 관련 산업기술 부문은 보이지 않는 덫이 많아요. 결정적으로 정치적인 이해관계가.

　김상철　사람들은 정치적인 이해관계라고 하면 건설회사나 토목회사를 운영하는 사람이 정치인이 되는 경우, 혹은 자기 땅 있는 사람이 그 지역에서 정치인이 되는 경우라고 단순하게 생각해요.

　조중래　아니죠. 그 지역구 의원은 무조건.

　김상철　내가 그 지역에 땅이 없더라도 핵심 지지층의 이해관계를 보호하기 위해서 할 수밖에 없는?

　조중래　아니. 다음 선거에도 의원으로 뽑혀야 하잖아요, 그럼 자기 땅이 있고 없고를 떠나서 지역의 민원을 들어줘야 표를 받을 수 있으니까.

김상철　GTX 얘기로 돌아가면, 동탄 등 신도시의 교통난이 점점 심각해져서 제안되었죠? 혹은 동탄을 만들 때 미리 전제되었던 광역 교통체계다, 뭐 이런 얘기도 있었던 것 같습니다.

조중래　아니에요. 동탄 만들 때 광역 교통체계에 GTX가 들어가 있지는 않았어요.•

김상철　아, 그래요? 그래도 이후에는 GTX 만드는 명분이 되잖아요.

조중래　그건 동탄 신도시를 서울에 종속된 도시로 본다는 걸 전제로 해요. 그 전제 아래서 그 명분이 성립되지, 동탄을 독립적인 신도시로 전제하면 성립이 안 되죠. 지금 보세요. 동탄이 포함된 화성시에 산업입지가 엄청나게 들어가고 있어요. 그러면 동탄 신도시의 기능에 대한 제고가 필요하죠. 동탄을 포함한 화성시가 제대로 독립된 도시로 성장하려면, 오히려 서울과 관계는 좀 단절시키는 게 유리해요. 서로 끈끈하게 붙어 있으면 모든 액티비티, 즉 문화·사회적인 활동이 서울로 가버려요.

•　동탄2신도시 개발계획은 2007년 6월에 확정되었다(건설교통부, "수도권 주택시장 안정을 위한 화성 동탄2지구 신도시 개발 추진", <건교부 보도자료>, 2007. 6. 1). 약 2년 뒤 교통 대책으로 현재의 수서평택고속선(SRT 북측 노선)을 활용한 동탄~강남 급행철도가 확정된 것이 현재의 GTX-A선의 바탕을 이룬다(국토해양부, "동탄2신도시, 광역교통개선 대책 확정", <국토부 보도자료>, 2009. 9. 2).

김상철　　그렇죠, 맞습니다.

조중래　　오래전 얘긴데, 경인고속도로 개통 후 인천에 있던 금은방이 싹 망해버렸어요. 그게 다 서울로 옮겨가서.

김상철　　진짜로요?

조중래　　초창기에 그랬어요. 지금 동탄 사람들, 볼일 보러다 서울로 가잖아요.

김상철　　그렇죠, 맞습니다.

조중래　　교통이 너무 발달해서 그런 현상이 벌어지는 거예요.

김상철　　아, 과잉 발달이라는 말씀이시죠?

조중래　　네. 자생적인 기능을 키우는 방향으로 신도시 규모를 설정해야죠. 무조건 인구가 증가한다고 좋은 게 아니에요. 한 도시의 사회적 인프라나 고용 환경 등에 따라 인구 규모가 정해지는 거지, 무조건 인구가 많아지면 도시가 발전한다고 보는 건 건강하지 않은 접근법이에요. 교과서적으로 설명하면 맨 처음 생산 기반 시설이 들어오고, 그다음에 그 기반 시설에 소속된 인구가 유입되고, 그다음에 그 인구를 서비스하기 위한 3차 산업, 즉 문화 산업 같은 게 들어오면서 인구가 조금씩 늘어나고 도시가 확장되는 게 건강한 도시 발전이고 도시 개발이죠. 그런데 주택을 엄청나게 지어놓고 거기 입주한 사람들이 전부 서울로 출퇴근하게 만들어놓아요. 이런 상황에서 지역 균형발전 운운은 말도 안 되죠.

김상철   그런 말 하면 사람들이 원론적으로는 맞지만, 현실은 다르다고 하잖아요. 이를테면 '동탄 사람들은 어쨌든 서울로 출퇴근해야 하는데 그럼 그들을 도로에 2시간 넘게 가둬둘 거냐?' 이런 식으로 현실론을 들잖아요. 그래서 GTX까지 나왔죠.

조중래   저는 거기에 동의 못 해요. 왜냐하면 도시는 천천히 모양을 갖춰나가요. 10년이 걸릴 지 50년이 걸릴 지 몰라요. 그런데 당장 급하다면서 단기적으로 처방해버리면 누가 책임져요? 그럼 도시는 제대로 형성될 수가 없어요. 예를 들면 이런 거죠. 서울로 출퇴근 가능하다고 해서 집값이 싼 동탄으로 이사했는데 실제로 와보니 불편해서 못 살겠어. 그럼 다시 서울이나 서울에서 더 가까운 곳으로 이사 가야 하는데 거긴 집값이 비싸요. 이 문제를 정부가 해결해줘요? 도시가 천천히 모양을 갖추면서 안정화돼야 사람들도 서서히 그 도시에 정착할 수 있어요. 그런데 단기 처방만 믿고 들어온 사람들은 불편하면 또 당장 나가려고 해요. 그렇게 되면 아무것도 제대로 못 해요. 그냥 혼란만 생기죠.

김상철   그런 면에서 보면 주거 이동성이 한 방향이기는 하네요. 서울에서 계속 경기도로 밀려 나가는 한 방향성만 있다 보니 재진입하는 사회적 비용이 늘어나는 구조 같습니다.

조중래   그러니까 도시 문제를 절대 단기적인 안목으로 보면 안 돼요.

김상철   근데 앞서 말씀하신 대로 교통 문제가 정치화되어 있다면, 4년 임기 정치인한테 장기적인 비전을 요구하는 것도 조금은 안 맞는다는 생각이 드는데요.

조중래   근본적인 문제는 4년짜리 정치인이 도시정책을 결정하게 되어 있다는 것이죠. 그 자리에 있을 때 뭐든 하려고 하니까. 근본적으로 정치 구조 문제를 해결해야 풀려요.

김상철   GTX는 당시 김문수 지사에 의해 촉발됐지만, 그 다음에는 여야 할 것 없이 모든 정치 세력의 과제가 되었죠.

조중래   표가 되니까요.

사업추진의 만능키, 경제성이 만들어지다

김상철   사람들은 필요성에 공감하더라도 사업성이 낮다고 하면 딱히 억지를 부리지는 않는 것 같아요. 왜냐하면 누군가가 비용을 부담해야 한다는 사실을 아니까. 요금을 통해서든 정부 돈으로든. 그런데 어느 순간 '경제성이 있다'로 결과가 나와버리면 태도가 싹 바뀌어요. GTX 관련 내용도 쭉 살펴보면, 경기도에서 자체적으로 B/C분석하다가 어느 순간 교통개발연구원에서 타당성이 있다는 분석을 내놓자 기재부에 그 안을 제출한 것 같아요. 지역 정치인들의 욕망도 요인이지만요. 초기에 GTX 관련 대응을 준비했던 우리 단체로서는 연구기관에서 경제성이 있다는 결과가 나오면 어떻게 싸워야 할지 난감해집니다.

조중래 　 그 말을 잘 이해 못하겠네요.

김상철 　 B/C분석으로 나온 경제성이 GTX 추진에 굉장히 중요한 요소라는 말씀입니다. GTX가 경제성이 있다고 하면 시민들은 '경제성 있는 걸 왜 안 해?'가 돼버리죠. 그러면 문제에 대응하기가 굉장히 어려워져요. 반대하면 지역 발전에 반대하는 것처럼 돼버리니까.

조중래 　 GTX가 경제성이 있다고 나온다고요?

김상철 　 의정부경전철이나 용인경전철처럼 실제로 운행했더니 엄청난 적자가 났다면, 시민들은 그런 사업들로 개인적인 이익이 생기더라도 다시는 하지 않았으면 좋겠다고 말합니다. GTX 관련해서도 초기에 경제성이 쟁점이 아니었을 때는 이게 정말 필요하냐, 대심도가 안전하냐는 식의 쟁점들이 있었습니다. 그런데 경제성이 있다는 얘기가 나오면, 평범한 사람들 입에서 '아니, 경제성이 있는데 왜 안 해?'라는 얘기가 나와요. 그러니까 경제성 여부가 '이 사업을 왜 하는가?'라는 사회적 논의를 모두 생략해버리는 힘이 있습니다. 그래서 지금은 GTX를 하지 않는 것이 타당하다고 말하기가 굉장히 어려워졌다는 말씀입니다. 이게 도대체 설명을 어떻게 해야 할지 모르겠는, 경제성이 있다 하더라도 반대할 수 있다, 이렇게 얘기해야 할까요? 경제성이 무엇인지에 대해 내부 논리를 잘 아는 전문가로서 이야기해주시면 좋겠습니다.

조중래　　경제성이 있다고 나오면 100% 가죠.

김상철　　그렇죠. 맞습니다. 그게 걱정입니다.

조중래　　100% 가는 이유는 국토부 공무원이나 지방자치단체나 지역주민 모두 그 사업을 원하기 때문이에요. 어떤 사업이 예타에 올라왔다면, 이들이 그 사업을 원하기 때문이에요.

김상철　　딱 그 부분이 소위 교통시설의 경제성 분석에 대한 일반 시민의 인식과 현실의 차이 같아요. 비유하자면 경제성 분석은 일반 시민에겐 재판과 같아요. 이상한 판결이 나오더라도 일단 재판 결과는 인정하고 이야기하자, 이런 분위기 있잖아요. 그래서 경제성 분석도 이거냐 저거냐를 따져보기 전에 하는 중립적 단계의 일이라는 인식이 크죠. 그런데 선생님 말씀에 따르면, 이미 내부적으로 끝난 결정에 대해서 절차적 혹은 과정적인 명분을 만들기 위해 하는 분석이라고 볼 여지가 있네요.

조중래   내부적인 의사결정이 끝났다는 의미가 아니라 사업하기를 원한다는 얘기.*

김상철   그러니까 원한다는 게….

조중래   될지 안 될지 모르지만 이걸 했으면 좋겠다, 이런 얘기죠.

김상철   지향을 갖는 거네요.

조중래   시민들은 했으면 좋겠다는 단순한 바람 차원인데, 공무원이나 국회의원한테 가면 '해야 한다'로 바뀌어요. 그래서 그걸 관철하려고 노력하죠. 국토부는 지방자치단체에서 무리하게 요구하면 간혹 제쳐요. 하지만 국토부가 직접 관장하는 사업이면 분명하게 추진하죠.

김상철   GTX 같은 큰 사업뿐만 아니라 지역에서 계획하는 도로, 교량 건설사업도 마찬가지인가요?

조중래   네.

김상철   사실 비용편익분석이 신문이나 이런 데서 워낙 손쉽게 얘기되는 직관적인 기준이어서 시민들은 그 수치를 맹신할 수밖에 없는 상황이긴 합니다.

* 실제로 예타의 정책성 문제도 주무 관청의 추진 의지를 확인하게 되어 있다.

조중래 　그게 좀 어려운 얘긴데, 우리가 시험을 보면 학점을 매기잖아요. 학점은 어떻게 매겨요? 절대평가예요, 상대평가예요?

김상철 　지침으로는 절대평가를 하라고 하지만 보통 상대평가도 하고 그러죠.

조중래 　절대평가를 한다면, 교수가 판단해서 학생이 80점 이상 해야 A학점이 되고 70점 이상 해야 B학점이 되죠. 어떤 경우에는 A학점이 하나도 없을 수 있고.

김상철 　보통은 균형을 맞추려고 하죠.

조중래 　그런데 요새는 교육부 지침이 있어요. A는 몇 퍼센트, B는 몇 퍼센트…. 이건 내가 가지고 있는 절대평가의 지침이 아니거든요. 결국은 공부를 못해도 A학점은 무조건 몇 퍼센트 돼야 해요. 그러니까 상대평가죠.

김상철 　그러네요.

조중래 　예타도 똑같아요. 어떤 기준을 정해놓고 이것보다 크면 할 만한 사업이고 작으면 할 수 없는 사업이다, 이렇게 판단할 수밖에 없어요. 수요 예측과 편익을 계산하는 툴(tool), 혹은 데이터 자체가 절대적으로 이만큼 편익이 나온다고 예측하기에 엄청나게 부족한 상황이기 때문이에요. 그래서 현재 주어진 툴, 현재 주어진 방법, 현재 주어진 데이터의 정확도 안에서 비교평가를 하죠. 이건 1,000억 원이 나오는데 저건 1,200억 원이 나온다면, 저게 편익이 더 나오는 사업 같다고 상대평가를 하는 거예요.

　　김상철　보통 상대평가는 그 사람의 능력을 정확하게 진단하지 못하잖아요. 공부를 잘하는 사람이 100명 들어온 해가 있고 공부를 못하는 사람만 100명 들어온 해가 있다면, 같은 C등급이라도 같은 능력을 지녔다고 보기 힘든….

　　조중래　아니, 상대평가를 하려면 평가하는 지침이 전제돼야 해요. 정부 지침. 그 지침에 따라 분석해서 비교평가를 하면 되죠. 또한 분석하는 툴도 정확해야 하고요. 그런데 어떤 사람은 지침을 지켜서 평가하고 다른 사람은 지침을 무시하고 자기 맘대로 해버리니까 상대평가조차 제대로 안 돼요.

　　김상철　지금 두 가지 문제가 섞여 있는 것 같습니다. 하나는 기본적으로 상대평가 자체가 의사결정을 대체할 수 있느냐, 다른 하나는 상대평가를 할 때 고정된 지침이 있느냐? 근데 이 두 가지가 다 안 된다는 말씀이시죠? 보통 의사 결정할 때 비용편익비가 1.0이 넘으면 경제성이 있다고 보죠?

　　조중래　보통 상대평가에서 그걸 하나의 기준으로 보죠. 그러니까 현재의 지침, 현재의 방법론, 현재의 데이터를 통해 1.0이 넘으면 경제성이 있다고 보자고 약속하는 거지, 1.0이 넘었다고 절대적으로 편익이 비용보다 많은 게 아니라는 얘기입니다. 거짓일 수 있지만 참이라고 하자는 사회적 합의예요, 그냥.

김상철   일종의 방법론이나 모델이라고 할 수 있겠네요?

조중래   그게 바로 방법론이나 지침이나 데이터가 정확하게 지켜져야 하는 이유죠.

김상철   GTX로 다시 돌아가면, GTX의 비용편익비가 1.0 이상이기 때문에 해야 한다고 답할 수 있나요?

조중래   그렇게 할 수 있죠. 그냥 사회적 합의니까.

김상철   그럼 뒤집어 말해서, 경제성이 있는데도 안 할 수 있잖아요?

조중래   경제성이 있는데도 상식 차원에서 안 하는 걸로 할 수 있죠.

김상철   아마 도로 화물을 비행기 화물로 대체하면 굉장히 경제성이 높게 나올 텐데요. 기후 위기 시대니까 될 수 있으면 항공 물류를 철도 물류로 대체하자는 움직임도 경제성으로 보면 반대되는 의사결정 아닌가요?

조중래   그건 경제성을 분석할 때 중요한 요소를 뺀 경우죠. 항공기로 화물을 수송하는 것이 기후에 어떤 영향을 주느냐는 요소를.

김상철   그 안으로 집어넣어야 하는군요.

조중래   그렇죠. 그 요소를 뺀 경제성 평가는 아무 의미가 없죠.

김상철   무슨 말씀인지 알겠습니다. 그러니까 경제성 분석 자체를 부정하면서 싸울 게 아니라, 경제성 분석 모델이 잘 지켜지고 있는지, 그 안에 적절한 요소들이 다 들어가 있는지 확인하는 것이 훨씬 효과적이라는 말씀이시죠?

조중래   그렇죠.

김상철   사실 우리 단체로서는 때때로 경제성 분석을 무시하고 싶은 욕망이 생기긴 해요. 그렇지 않으면 기존의 논리를 다 수용하는 것 같은 느낌이 들기 때문에.

조중래   정책성 분석이 있잖아요. 경제성 분석 50%, 정책성 분석 50%,* 그 안에 집어넣어서라도 해야죠. 계량이 안 되는 부분에 대해서.

---

*   예타에서는 종합평가(AHP)의 결과로 사업 시행과 미시행을 권고하며, AHP 결괏값에는 경제성 분석을 절반 정도, 정책성 분석을 1/3 정도, 지역 균형발전 분석을 1/5 정도 반영한다. 정확한 비중은 일정한 범위 안에서 전문가들이 각자 가중치를 부여해 정하며, 이 가중치를 다시 평균해 실제 적용할 가중치를 결정한다. 정책성 분석과 지역 균형발전 분석을 광의의 정책성 분석이라고 분류할 수 있다.

GTX는 지역소멸을 부추긴다

김상철　　그렇군요. 어쨌든 GTX는 이미 공사하고 있습니다. 어떤 결과가 나올 것으로 예상하세요, 실제로 개통되면?

조중래　　지금 사람들은 환상에 젖어 있죠. GTX가 교통 문제를 해결하는 만능키라는. 하지만 그런 시원한 해결책은 안 될 거예요. 수요도 지금 예상만큼 안 나올 테고. 근데 뭐 그거야 별로 중요하지 않죠. 정말 중요한 문제는, GTX가 우리나라 전체의 지역 균형발전을 저해하는 큰 요소가 된다는 점이에요.

김상철　　어떤 부분에서 그런 문제가 생길까요?

조중래　　그건 그림으로(101쪽, '도시 간 인구 이동') 설명해야 해요.

조중래　　A, B라는 2개의 도시가 있어요. A에는 100만 명이 살고 B에는 1,000만 명이 살아요. 왜 그럴까요?

김상철　　B에 일자리가 더 많고 집도 더 많아서 아닐까요?

조중래　　그러면 두 번째 질문. A와 B 중 어디에 사는 사람이 행복하겠어요?

김상철　　그거는 비교가 안 되죠. A에 사는 사람도 거기 사는 이유가 있고.

조중래　　그럼 다시 물어볼게요. A에 사는 사람 100만 명

중 한 명은 현재 여기 사는 것이 행복하다고 느끼겠어요?

　김상철　글쎄요, 모르겠습니다. 저라면 작은 도시에 사는 것도 이유가 있다고 생각해서⋯.

　조중래　만약 A에 사는 한 사람이 '나 여기 사는 게 불행하고 B에 사는 게 행복할 것 같다'라고 생각한다면, 이 사람 A에 계속 살겠어요?

　김상철　아니죠, 어떻게든 B로 갈 방법을 찾겠죠.

　조중래　그렇죠. 그런데 사실 A에 계속 사는 사람은 A에 사는 게 더 좋아서 그래요. 이게 선택이론의 가장 기본이에요. 내가 뭐 하나를 선택했다는 건 그게 가장 좋아서죠. 좋다, 나쁘다고 할 때는 그 안에 내가 가진 재정적인 여력까지 포함되어 있어요.

　김상철　돈이 없어서 다른 데로 못 간다는 것까지 포함하는?

　조중래　내가 B에 살고 싶지만, 돈이 없어서 A에 산다. 이것도 그 사람의 선택이죠. 재정 상황, 그 외 내 가족의 어떤 상황, 자식이 공부를 잘하느냐 못하느냐까지 다 포함해서.

　김상철　그러니까 적극적 선택만 있는 게 아니네요.

　조중래　그렇죠. 가장 적합해서 선택하는 거예요.

　김상철　네, 그게 최적이라서.

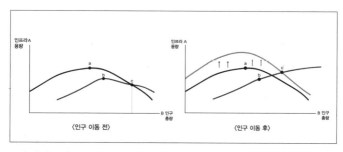

도시 간 인구 이동.

조중래   그다음에 이걸 이해해야 해요. 여기 Y축은 삶의
질이고 X축은 인구예요. 어떤 도시의 인구가 점점 증가하면 삶
의 질은 올라가겠어요, 내려가겠어요? 그 도시의 사회적 인프
라 등이 고정돼 있다면.

김상철   당연히 내려가겠죠.

조중래   인구가 증가하면?

김상철   삶의 질은 낮아지겠죠.

조중래   한 명이 살면? 한 명이 살 때보다 두 명이 살면 좋
아요, 싫어요?

김상철   사례가 너무 극단적입니다, 선생님. 저는 둘이 더
좋습니다.

조중래   그렇죠. 그럼 세 명 살면?

김상철   뭐 그것도….

조중래   더 좋죠. 나 말고 아무도 없으면 외로워서 못 살죠. 어느 정도 이웃이, 교류할 사람이 생겨야 하잖아요. 술 먹을 때, 극장 갈 때 어울릴 사람이 있어야 하잖아요. 그러려면 인구 규모가 좀 있어야죠. 따라서 처음에 인구가 증가하면 삶의 질이 점점 올라가요. 그런데 도시는 한정된 공간이잖아요. 인구가 증가한다고 계속 삶의 질이 올라갈까요?

김상철　　아니죠, 어느 시점부터 낮아지겠죠.

조중래　　그렇죠, 삶의 질이 올라가다가 어느 순간부터 떨어져요. 그렇게 바뀌는 지점이 바로 그 도시의 적정 인구예요.(그림의 a, b) 그 지점을 넘는 순간부터 도시 과밀로 인한 주택, 환경, 교통, 범죄 문제 등이 생겨요. 그래서 이제 국가에서 이 도시에 새 인프라를 구축했어요. 예를 들어 지하철을 새로 뚫었다든지. 그러면 삶의 질 그래프가 어떻게 바뀌겠어요?

김상철　　조금 더 상향되겠죠.

조중래　　이렇게 올라오겠죠(맨 위의 선).

다음으로 이해할 게 있어요. B를 현재의 수도권이라고 생각해보죠. 과밀 문제가 있어요. A는 과소 문제가 있어요. 사람이 없다는 뜻이에요. 지금 우리나라 중소 도시들이 그렇잖아요. 사람이 없어서 사람 끌어오려고 난리예요. 그런 두 도시가 이렇게 인접해 있어요. 그러면 정부는 어디에 투자할까요, A에 투자할까요? 아니죠, 도시 과밀로 인해 여러 문제가 발생한 B

에 SOC 투자를 하죠. 그럼 어떻게 되겠어요?

김상철   B의 용량이 커지겠네요.

조중래   그렇죠, 이렇게 커져요(그림의 C→C'). 그러면 어때 보여요?

김상철   인구가 이동해야겠네요?

조중래   단기적으로는 이동 안 하죠. B의 삶의 질이 좋아질 뿐이죠. 그 도시에 투자했으니까.

김상철   예, 맞습니다.

조중래   인구는 서서히 이동한단 말이에요. 어떻게 이동하냐면 A에서 B로 서서히 가버려요. 그럼 A의 인구 과소화 문제는 더 심각해지고, B에는 다시 과밀 문제가 발생하죠. 즉 단기적으로 보면 A의 삶의 질은 변함이 없고 B의 삶의 질은 좋아지지만, 장기적으로 보면 A, B 둘 다 삶의 질이 떨어지죠. GTX 건설한다니까 수도권 인구가 막 늘어나요. 그러면 삶의 질이 어떻게 되겠어요?

김상철   그렇네요. GTX가 수도권 과밀의 방아쇠 같은 느낌이네요.

조중래   이게 법칙이에요. 절대로 변하지 않는. 그럼 그렇게 되지 않으려면 어떻게 해야 하느냐? 투자를 B가 아니라 A에 해야 해요. 그럼 A의 삶의 질이 올라가고 인구가 A로 온다고.

이게 지역 균형발전의 가장 기본적인 이론적 논리예요. 그러니까 투자를 통해 뒤처져 있는 도시를 살려야 해요. 지금 GTX에 노선 몇 개 들어갔어요?

김상철　3개에서 D노선까지 더해졌죠.

조중래　노선 하나에 거의 5~6조 원씩 들어가요.* 그럼 노선 4개니까 20조 원쯤 들어가겠죠. 그 20조 원을 주변 도시에 투자한다고 쳐봐요. 원주, 동탄, 화성, 평택, 그다음 파주 같은 곳.** 그런데 거기에 투자하는 내용은 달라야 해요. SOC가 아니라 기업 환경 조성이어야죠. 일단은 고용을 창출할 수 있는 생산 기지가 되어야 하니까요.

김상철　이 그림대로라면 GTX 건설이 지방 도시들의 과

* 경기도청의 값은 다음과 같다(https://www.gg.go.kr/contents/contents.do?ciIdx=497&menuId=1850).

노선	액수(조 원)	km	사업 책임
A, 운정~삼성	2.9	46.0	민자
A, 삼성~동탄	2.1	39.5	재정
B, 송도~용산(상봉~마석 제외)	4.1	39.9	민자
B, 용산~상봉	2.4	19.9	재정
C, 덕정~수원	4.4	74.8	민자
서부권 광역급행철도	2.5	21.1	미정
계	18.4	241.2	-

** 예시한 수도권 주변부(영서, 충청 북부 포함)는 전자 제조업을 주축으로 하는 민간 기업의 투자가 충분해 2000년대 이후 인구가 증가했다. 따라서 이는 단순한 예시로 보는 것이 좋으며, 실제로 정부의 선제적 투자가 유효할 수 있는 지역은 충청 남부, 영호남, 영동 지역이다.

소화 문제를 더 키우겠네요. 그럼 그 문제 해결에 또 돈이 들어갈 테고요. 서로서로 계속 재원을 낭비하는 구조네요.

조중래　아니, 아니 그럼 이렇게 돼버려요. 이 도시가 그냥 없어져요.

김상철　근데 어떻게 해서든 그런 도시를 살리겠다고 돈을 엄청나게 쓰고 있잖아요.

조중래　그렇게 접근하면 안 살아나죠.

김상철　지금 방식이라면 계속 돈 쓸 명분만 쌓일 것 같은데요?

조중래　그러니까 GTX에 돈 쓰면 안 된다는 얘기죠.

김상철　그렇죠, 결론적으로는 시작하지 말아야 악순환이 안 생기죠.

조중래　과밀로 생긴 문제는 그 도시 사람들이 인내하면서 감당해야 해요. 과밀을 해소하기 위해 뭔가 새로운 걸 자꾸 집어넣으면 안 돼요.

김상철　예전에는 어느 도시에 과밀 문제가 생기면, 말씀하신 대로 그 도시 사람들이 적응하는 게 자연스러웠던 반면 요즘에는 기술적으로 해결하죠. 이를테면 큰 도로를 지하로 넣어버린다든지.

조중래　기술적으로 가능하죠.

김상철　다 그렇게 생각하는 것 같아요.

조중래　기술적으로야 가능하죠. 그런데 그게 다 돈이죠, 국가 예산.

김상철　GTX 관련해서 토지보상비가 안 나가니까 비용이 절약된다는 말도 들은 것 같아요.

조중래　그건 실제인지 아닌지도 모르고, 또 상대적이죠. 돈이 절약되는 거지 안 들어가는 건 아니잖아요.

김상철　어떻게 보세요? 지금 GTX D노선 얘기까지 나오는데, 그 노선이 만들어지는 걸 보면 다른 지역에서도 만들고 싶어 하지 않을까요?

조중래　당연하죠. 우리나라 정치가, 우리나라 학자의 성향이 계속 이렇게 가는 이상 그건 폭주하는 기관차예요. 다 같이 망하는 기관차. 도시는 하나도 재미없는 곳이 되고.

김상철　지역 단체들은 속된 말로 이렇게 표현해요. '삽 뜨면 못 막는다.'

조중래　내가 하나 질문할게요. 뉴욕 맨해튼에서 사는 게 좋겠어요, 베트남 사이공에서 사는 게 좋겠어요?

김상철　글쎄요, 사는 건 모르겠지만 다 가보고는 싶네요. 한 번도 가보지 않은 도시들입니다.

조중래　방송에 가끔 나오잖아요.

김상철   그럼 지금은 사이공 쪽에 더 마음이 가요.

조중래   왜요?

김상철   어차피 제가 사는 도시가 맨해튼하고 비슷하거든요. 건물 많고 차 많고. 그래서 맨해튼까지 가서 살고 싶다는 생각은 별로 안 들었어요.

조중래   그러니까 건물 쫙쫙 올라가고 도로 뻥뻥 뚫리고 차 쌩쌩 지나가는 게 내 삶의 질을 높이지 못할 수도 있다는?

김상철   그렇네요.

조중래   이게 지속 가능한 발전이나 지구 환경 문제하고 아주 심각하게 연결돼요. 교통이 뻥 뚫려야 하느냐? 나한테 지금 교통정책을 하라고 하면 차 다 없애버리고, 곳곳에 전기충전소 만들어 전기차만 돌아다니게 하고, 자전거 타고 다니게 하고, 도로 다 좁히고, 대신 보행 환경 화사하게 만들고, 그 주변에 아기자기한 가게들이 들어와서 장사할 수 있게 하겠어요. 그게 훨씬 더 재미있는 도시를 만드는 방법이라고 봐요.

김상철   맞습니다. 저도 여행 다닐 때 가장 좋았던 경험은 걸어 다니면서 이것저것 본 거였어요. 그런데 GTX를 포함한 한국의 교통정책은 모든 도시를 평평하게, 거의 비슷하게 만든다고 볼 수도 있겠네요. 수도권만 놓고 보더라도 동탄이나 서울 강남이나 별 차이 없어지는 거 아니겠습니까?

조중래　그렇죠. 그러니까 외국에서 볼 때 우리나라 도시는 수도권 하나로만 보이죠, 홍콩처럼.

김상철　외국 문헌을 보면 사회적 목적을 가진 교통정책을 발견할 수 있는데, 왜 우리나라 교통정책은 도시를 평평하게 만들까요?

조중래　그게 자본의 논리예요.

자전거와 보행은 교통수단이 아니다, 아직은

김상철　최근에 서울시 교통 통계를 보다가 좀 놀랐는데, 교통수단별 분담률 항목에 자전거가 안 들어가 있더라고요. 기존의 교통수단들을 목적 통행 중심으로 분담률을 만들어놨는데, 자전거 이용률은 출퇴근용인지 뭔지 따지지 않고 이용 횟수와 거리로만 측정했더라고요. '따릉이'는 별도 통계로 관리했고요. '자전거 정책을 쓰는 서울시가 왜 이러지?'라는 생각이 들었습니다.

조중래　바로 질문할게요. 그 통계에서 보행분담률 보셨어요?

김상철　보행이요? 제 기억으로는 없습니다.

조중래　없죠?

김상철   네, 없습니다.*

조중래   자전거분담률이 없는 이유는 보행분담률이 없는 이유와 똑같아요. 자전거를 통행수단으로 안 보기 때문이에요. 정책의 관심 밖이죠. 또 하나, 자전거를 타고 출발지에서 목적지까지 가는 사람보다 자전거로 역까지 가서 지하철로 갈아타는 사람이 많거든요. 그걸 기술적으로 분석하기 힘드니까 그냥 제쳐놓는 거예요.

김상철   제가 집에서 자전거를 타고 역으로 가서 지하철로 출근한다면 저의 통행은 그냥 지하철 통행으로 되겠군요.

조중래   그렇죠. 그래서 보행 통행이 없어요. 다 지하철 통행이 되니까.

김상철   지표가 없는 통행은 교통정책에 영향을 못 미치겠네요.

조중래   모든 통행의 첫 번째는 보행이에요. 마지막도 보행 통행이고. 5분이든 20분이든. 그런데 보행 통행은 계산을 안 하죠. 또 자전거 통행이 늘어났잖아요. 그러면 분리해서 계산해야 하는데 보행 통행처럼 안 하죠.

* 국가교통DB의 OD통행 데이터를 실제로 분석하면 행정구역 사이에서 보행, 자전거로 주로 이뤄진 통행을 구할 수 있으며, 이를 바탕으로 자전거분담률을 구할 수 있다. 다만 통상적인 지방정부의 수송분담률 발표에서 이 값은 제외된다.

김상철　들어보니 정말 맞는 말이네요. 저는 자동차를 제외한 모든 통행에 보행이 포함돼 있다는 사실을 인식하지 못했어요.

조중래　그러니까 지금 우리나라 통행 통계는 교통수단 통행 통계예요. 자전거는 교통수단에 포함이 안 되어 있고.

김상철　일단 보행이나 자전거 통행 지표를 제대로 등장시키는 게 중요한 과제겠네요.

조중래　그렇죠. 지금 보행 통행에 관한 논리가 없잖아요. 보행 환경을 개선해야 한다는 생각은 막연하게 하지만…. 교통수단 통행 통계에서 보행이 지금 얼마나 차지하고 있으며, 평균 보행 통행 거리가 줄어드는지 늘어나는지가 중요한 지표가 될 수 있거든요. 보행 통행시간이 옛날에는 30분이었는데 이제는 10분도 안 된다면, 그 이유가 뭔지를 알아보려는 움직임이 없죠.

김상철　그런데 보행이나 자전거 관련 활동하시는 분들이랑 이야기해보면, 지나치게 낭만화하는 경우가 있더라고요. 뭐랄까? 두 발로 걷는 건 얼마나 아름다운가, 뭐 이런….

조중래　아름답긴 뭘 아름다워, 지금의 도로를 걷는 건 피곤한 일이죠. 왜 용인경전철이 실패했게요? 용인경전철은 고가로 지나가잖아요. 고가까지 걸어가서 경전철을 탄다? 그 주변 환경이 얼마나 열악하고 복잡한데 거기까지 걸어가요.

김상철   걷기 싫어해서 망했군요?

조중래   당연하죠. 편안하게 즐기면서 걸을 수 있는 데라면 걷죠. 우리나라 경전철의 가장 큰 문제가 경전철을 다 고가에 지어놨다는 거예요. 콘크리트 구조물을 고가로 확 올려놓으니까 안 타죠. 외국 경전철 중에 고가에 올라가 있는 거 봤어요?

김상철   관광용 외에는 별로 없는 것 같습니다.

조중래   관광용도 고가로 지나지 않아요.* 사람들하고 나란히 평지에서 지나다니죠. 옛날 전차 안 타봤죠?

김상철   트램(Tram, 노면전차) 같은 거 안 타봤습니다.

조중래   그러니까 사람이 무엇을 좋아하고 어떻게 행동하는지를 생각하면서 교통시설 및 교통정책을 결정해야 해요. 근데 지금 우리나라 교통정책 결정 기준에 그게 빠져 있어요. 경전철은 돈이 토목비로만 왕창 들어가게끔 했어요. 그것도 자본의 논리죠. 그래야 공사비가 많이 나오니까.

김상철   사업비 자체에 사람의 이동이나 접근에 대한 고려가 거의 없네요.

---

*   이는 사실과 다르다. 가령 런던에는 도클랜즈 경전철이 고가이며, 뉴욕 인근 뉴저지 트랜싯의 일부 노선도 고가로 건설되었다. 도쿄에도 고가 경전철이 다수 있다(유리카모메, 닛포리·토네리 라이너). 고가 자체보다는 주변 도시 조직 및 보행망과의 연결 문제를 지적하는 것으로 읽으면 된다.

조중래   그런 고려 없이 시설물만 덜렁 짓죠.

김상철   용인경전철이나 의정부경전철도 그렇지만 우이신설경전철도 수요 예측한 수치의 1/3 정도만 나와요. 지금은 작년(2021년) 기준으로 보면 한 절반 정도거든요. 서울 인구가 줄고 있다 해도 어쨌든 고정 인구가 있고, 특히 강북은 재개발이 이미 끝난 지역이라 인구 변동 요인이 없는데도 이용률이 수요 예측 수치와 너무 크게 차이 나죠. 결국 수요 예측이라는 방법론 자체를 부정하는 방식으로 저희는 접근하게 되는데, 지금 선생님 얘기 들으니 역까지 가는 보행 불편이 요인일 수도 있겠네요.

조중래   안 타요, 안 타. 그걸 누가 타. 나 같아도 안 타지.

김상철   그러니까요. 그 요인은 생각 못 했어요. 왜냐하면 관련한 조사 보고서를 보면, 시민들이 마치 탈 것처럼 하다가 안 타는 것으로 묘사했더라고요. 개통되면 탄다고 했는데 다 허수였다, 이런 식으로.

조중래   '개통이 되면 타실 겁니까?'라고 물으면 다 탄다고 하죠. 탈 만큼 만들어줬으면 타지. 그렇게 안 해놓고 뭘 타라 그래. 옛날에 서울시 경전철 노선별로 수요 예측을 해놓은 자료가 있는데, 발표를 안 하고 나 혼자 알고 있었어요.

김상철   왜요?

조중래   발표해봤자 안 먹힐 것 같아서. 발표 자료에 있었는데 지금 아마 못 찾을 거예요.

　김상철　그런 수요 예측은 보통 발표나 논문을 계기로 하나요?

　조중래　아니요. 그냥 제가 궁금하면 해요. 어디에 발표하겠다는 생각 없이, 보다가 저렇게 안 될 텐데 싶은 생각이 들면. 이명박 시절에 한반도 대운하 사업한다고 했을 때 물동량 수요 분석한 게 대표적이죠.

　김상철　그것도 발표 안 하셨어요?

　조중래　그거는 발표했죠. 언론에도 나오고 그랬죠.*

　김상철　선생님이 조사했을 때는 경전철 수요가 서울시 등에서 발표한 수치만큼 안 나왔어요?

　조중래　많이 차이 났죠. 용인경전철은 2만 명도 안 나왔어요.

　김상철　그럼 핵심적으로 뭐가 다릅니까, 선생님이 한 방식과?

---

*　조중래 선생은 '한반도 대운하를 반대하는 전국 대학교수 모임'의 구성원으로, 해당 모임의 출범 기자회견에서 경부운하 물동량 분석 결과를 발표했다. 당시 선생의 연구 결과에 따르면, 경부운하를 이용해 수도권에서 부산까지 컨테이너를 수송하는 데 약 50시간이 걸린다. 그에 반해 수송비용은 컨테이너 하나당 평균 56만 원 수준으로 도로보다 저렴하나 철도와는 유사한 것으로 나타났다. 결국 화물을 운반하는 화주로서는 경부운하를 이용할 경제적 이유가 없다는 것이 핵심 내용이다(강양구, "경부운하, 쓰레기 운하 될 운명이다", <프레시안>, 2008. 3. 2).

조중래　통행 구역(zone) 중심에서 역사까지의 거리죠(옆의 지도 참조). 지하철이 이렇게 지나가고, 역사가 여기 생긴다고 쳐봐요(동그라미 지점). 역사를 중심으로 동심원을 그리면 이게 존인데, 통행 구역 중심(X 지점)에서 역사까지 가는 걸 어떻게 분석하느냐에 따라서 수요 분석 결과가 달라져요. 2분으로 잡고 분석하는 것(가로 환경을 고려하지 않고 직선거리 기준)과 10분으로 잡고 분석하는 것(실제 거주하는 사람들의 이동 경로 기준)은 엄청난 차이가 있죠.

김상철　지금은 어떻게 하는데요?

조중래　분석하는 사람 마음이죠. 그 사람 마음에 따라 수요를 많이 나오게 할 수도 있고 적게 나오게 할 수도 있어요.

김상철　방법론의 문제가 아니라 방법론을 쓰는 사람의 문제네요.

조중래　그렇죠, 그 사람이 어떻게 판단하느냐의 문제죠. 그래서 제대로 들여다봐야 해요.

김상철　그러니까 해당 지역 존에서 새로 만들어지는 역사까지의 이동 시간에 따라서 실제로 갈지 안 갈지를, 즉 일종의 심리적 저항선을 계산할 수 있다는 말씀이시죠?

조중래　그거 계산해야죠. 고가면 고가 올라가는 것만큼, 그 불편함을 계산해야 해요. 그런 요소들이 엄청 많아요.

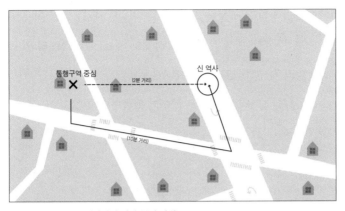

통행 구역 중심에서 역사까지 거리 분석 방법.

김상철　당연히 그럴 것 같습니다. 이를테면 우이신설경

전철만 하더라도 역사가 굉장히 깊어서 엘리베이터가 없으면*

접근하기 힘들거든요.

조중래　엘리베이터가 있는 역사에서 엘리베이터 많이

타요?

김상철　아니죠. 그 노선을 이용해야 한다고 생각하면 엘

리베이터를 탈 텐데, 많은 사람이 돌아가더라도 버스를 탈 것

같습니다.

조중래　엘리베이터 유무가 별 차이 요소가 안 돼요. 왜냐

＊　우이신설경전철에서 엘리베이터를 통해 1동선이 확보되지 않은 역사는
없다. 다만 지형이 험준해 심도가 깊고 역사 규모가 작아 출구도 적은 것은 사
실이다.

하면 엘리베이터 시설을 사람들이 인지 안 해요. 별로 이용도 안 하고. 분석할 때 그런 것도 고려해야 해요. 엘리베이터 있으니까 빨리 접근하겠지, 이게 아니거든요.

김상철　그러면 굉장한 허수가 있을 수밖에 없네요.

조중래　그렇죠.

전문가는 솔직해야 한다

김상철　그러면 선생님은 시민들이 자기 동네에 교통 이슈가 생겼을 때 어떻게 하길 바라세요? 가령 새 지하도로나 대규모 주차 공간이 만들어진다, 분명히 동네에 부정적인 영향을 줄 것 같다, 어떻게 대응해야 할까요?

조중래　왜 대응해야 하죠?

김상철　불편하고 불안하니까요. 지하 터널을 뚫는다는데 아파트에 어떤 영향을 줄지 모르니까요.

조중래　제가 사는 집 뒤로 지금 제2경부고속도로가 지나가요. 서울~세종 간 제2경부고속도로. 그거 만들어질 때 우리집 바로 뒤에 있는 산을 깎아서 터널을 만든다기에 내가 그 터널은 안 된다, 엄청난 환경 파괴를 일으킨다고 말했죠. 그랬더니 "교수님, 그거 반대하면 안 됩니다"라고 해요. 왜 그러냐고 했더니, 마을 주민들이 옆에다가 IC를 놔달라고 민원을 넣었는데, IC를 설치하려면 터널이 지하로 들어가면 안 된다는 거예요. 그래서 제가 졌어요. 어떤 교통 시설물 설치에 대한 정답이 없다는 말이에요. 내 처지에서는 이렇게 하면 안 되는데, 다른 사람 처지에서는 이렇게 해야 해요. 절대적인 판단 기준이 있지 않으니까. 내 의견이 다수의 의견이 아니면 질 수밖에 없어요.

김상철　그렇군요. 근데 어떤 사람들은 윤리·공익적으로 선한 것을 전제로 판단하려는 경향이 있어요.

조중래　교통정책 관련 판단은 선함과 관계없어요. 왜냐하면 정답이 없으니까.

김상철　일단 가치 체계, 뭐 이런 것들….

조중래　단지 보편적 합의가 있을 뿐이지, 누가 옳고 누가 그르다고 판단할 수는 없어요.

김상철　그걸 여타 정책들과 다른 교통정책의 특징이라고 볼 수 있을까요?

조중래　일반 과학기술 정책에서는 절대적으로 맞고 틀리는 게 있죠.* 하지만 교통정책에서는 내 생각과 다른 주장이

---

*　이 역시 논란의 여지가 큰 진술이지만 유고라는 성격을 고려해 포함했다.

있을 수 있어요. 가령 나는 우리나라 수도권이 유럽형 도시 교통 모델로 가는 게 맞는다고 생각하지만, 다른 사람들은 도쿄나 뉴욕 같은 메가시티 교통 모델로 가는 게 맞는다고 생각하죠. 그럼 국민의 보편적 합의가 성립되는 쪽으로 가야 해요. 그렇게 해서 피해 보는 쪽이 생기면 감당해야 하고요. 자기주장은 할 수 있지만, 무조건 이게 아니면 안 된다고 할 수는 없어요. 받아들여야지.

김상철　일종의 출발선에 서는 느낌이네요.

조중래　그게 정치잖아요. 그래서 정치가 중요하죠. 그만큼 정치는 사람들 말을 잘 들어야 하고. 그런데 자기 이익을 위해서 자기만의 논리를 가지고 덤비는 정치가들이 많아요.

김상철　맞습니다. 교통정책이 엄청난 합리성, 고도화된 기술로 만들어지는 것 같지만 사실은 사회적 합의를 바탕으로 하므로 매우 정치적인 속성을 띠고 있다….

조중래　그러니까 전문가는 솔직하게 있는 그대로를 사람들한테 보여줄 수 있는 능력과 판단 기준이 있어야 해요. 그래야 그걸 가지고 사람들이 제대로 판단하죠. 전문가가 그걸 엉터리로 보여주면, 사람들이 아무리 열심히 판단하더라도 엉터리가 돼버리죠. 그리고 전문가도 한 개인이므로 이건 이렇게 가는 게 옳다고 얘기하고 논쟁할 수 있어야 해요. 근데 그 논쟁을 다 포기해버렸어요. 공무원한테 다 던져버리고. 그래서 시민들도 판단할 겨를이 없는 거예요. 공무원들이 다 결정해버리니까.

김상철　맞습니다.

조중래　윤석열 정부에서 지역균형발전 특위를 한다는데, 저게 될 일인가 싶어요.

김상철　오늘도 한 1시간 40분 정도 진행했습니다. 다음 주에는 조금 더 본격적인 이야기를 할 예정인데요, 작년에 공공교통네트워크에서 GTX 세미나하면서 보여주셨던 선생님의 자료를 바탕으로요. 독자한테 다소 어려울 수 있겠지만, 현재 사용되는 모델과 관련한 설명을 좀 해주시면 좋을 것 같아요. 그 자리에는 전현우 정책위원도 함께하겠습니다.

둘째 날부터 교통정책에서 경제성 논리가 가진 한계에 대해 본격적으로 이야기했다. 먼저 GTX 문제로 시작했다. GTX는 조중래 선생의 근본적인 문제 의식을 건드리는 문제였다. 선생은, 지역소멸을 걱정하면서도 수도권의 인구 용량을 높이는 방식의 정책이 지니는 모순을 냉정하게 파악했다. 선생이 보기에 정부나 지역 정치인이 말하는 지역균형발전이나 지역소멸은 죄다 빈말이었다. 만약 그것이 진심이었다면, 수도권의 인구집중을 가속할 것이 뻔한 GTX를 둘러싼 사회적 논란이 있어야 했다. 선생은 직접 그림을 그려가며 도시 간 인구 구조가 제로섬 게임으로 전락하는 과정을 보여주었다. 마주 보며 인터뷰하는 내가 똑바로 볼 수 있도록 거꾸로 그림을 그리는 모습을 보면서 '천생 가르치는 사람이구나'라고 생각했다.

선생은 정책 영역의 문제를 단순히 경제성 분석 모델의 한계로 인식하지 않고, 그 모델을 다루는 전문가 집단의 문제로 이해했다. 이는 교통정책을 '민주주의 문제'로 접근했다는 뜻이다. 결정을 위한 도구가 결정 자체를 대신해버리는 '방법론의 독재'는 시민이 방법론의 문법을 이해할 때에만 부술 수 있다. 선생이 내내 우리에게 '전문가가 되어라'가 아니라 '전문가들이 무슨 말을 하는지 이해해야 한다'라고 강조한 이유다.

둘째 날 인터뷰 앞부분에는 공간환경학회의 옛 게시판에서 찾은 서울의 교통과 관련한 1990년대 초반 문서를 가지고 이야기를 나눈 내용이 있었으나 전체 맥락을 고려해 뺐다. 선생은 문서의 한 장을 보고 "내가 썼나?"라며 관심을 보였으나, 결국 참여하지 않았다는 사실을 기억해냈다. 그 장은 초기 공간환경학회에서 활동했던 현재 서울대 지리교육학과 박배균 교수가 쓴 것으로 나중에 확인되었다.

2022년 4월 8일

셋째 날

조중래 선생 댁

교통시설 투자 편익 분석
워크숍 (1)

예정된 주에 선생으로부터 몸이 안 좋아 못 만나겠다는 연락이 왔다. 그동안 선생과 우리는 선생의 몸 상태에 관해서 이야기를 나누지 않았다. 그래봤자 달라질 것이 없었고, 무엇보다 선생도 우리도 이 책을 기획하며 유고집적인 성격을 우선시하지 않았기 때문이다. 어쨌든 선생의 건강 상태가 요동치자 마음이 무거워졌다. 그러다 4월 7일 광주광역시청 앞에서 선생의 전화를 받았다. 다른 일들은 다 정리하고 있지만 이것은 마무리해야겠다고, 그러니 빨리하자고 하셨다. 그래서 연이어 이틀을 진행했다.

셋째 날과 넷째 날은 선생이 작성한 자료 <교통시설 투자 편익 산정의 문제점과 개선 방안>을 교재 삼아 진행했다. 좀 더 전문적인 논의를 위해 전현우 정책위원이 합류했다.

비용절감접근법은 모순이 있다

전현우　어떤 정신을 가지고 이 자료를 만드셨는지 궁금합니다. 이 수리적 분석에 담긴 정신이 무엇인가가 핵심 같아서요.

김상철　사실 저희가 지난해에 GTX 세미나하면서 선생님으로부터 이 자료 내용을 들은 적이 있지요. 그때, 예전부터 예타에 관해 여러 사람과 토론하면서 어렴풋하게 답답하다고 느꼈던 점이 현재 모델 자체에 내재해 있음을 알게 됐어요. 선생님께서 설명해주신 이 모델링이 전제하는 가정들을 들으면서 '그래서 대화가 안 통했구나'라고 깨달았죠. 서로 다른 세계관을 가진 주체들이 모여 토론이랍시고 했으니 서로 얘기가 안 통하는 게 당연했죠.

지난번에도 말씀드렸지만, 이 책은 지역에서 교통을 문제시하는 시민들이 먼저 보게 될 겁니다. 더 특정하면 지역의 교량이 됐든 경전철이 됐든 공항이 됐든, 교통시설 관련 타당성을 둘러싼 지난한 갈등을 겪고 있는 시민들이요. 선생님의 <교통시설 투자 편익 산정의 문제점과 개선 방안>이 그분들에게 한국의 교통시설 타당성 검토가 어떻게 이루어지는지를 알 수 있는 입구가 될 것 같습니다. 이해가 쉽지는 않겠지만요. 이 자료를 국토교통부에 가서 발표한 배경이 있나요?

조중래　내가 이걸 학회에서 발표했는데 그 자리에 참석한 국토교통부 국장이, 당시 도로국장인가가 요청해서 국토교통부 가서 다시 발표했죠.

김상철　이 자료는 기존의 편익 분석 방법이 갖는 한계를 지적하는데, 국토교통부에서 청해 들었다니 이상하네요. 자기네들이 쓰는 방법론에 대한 비판적인 입장을 별도로 청해 들었다니….

조중래　국토교통부에서는 자기들이 쓰는 방법론이라고 생각 안 해요. 학자들이 만들어서 제안한 걸 갖다 쓴다고 생각하죠. 한국개발연구원(KDI)에서 지침을 내리고요. KDI 지침을 따르니까 국토교통부는 불만이 있을 수도 있죠.

전현우　예비타당성조사는 결국 재정 당국이 자기들이 돈을 주는 국토부를 비롯한 여러 부처를 견제하기 위해 만든

제도거든요. 국토부로서는 그 제도의 현재 방법론에 대한 비판이 필요하겠죠. 충분히 있을 수 있는 일입니다.

조중래   특히 철도 쪽에서 그런 생각이 강할 수 있죠. 철도 쪽은 항상 불만이니까.

전현우   실제로 철도가 예타에서 탈락률이 제일 높더라고요.

김상철   아, 그럼 맥락은 이해했습니다. 이제 자료 앞부분부터 설명해주시면 좋겠습니다.

조중래   [자료] 2쪽의 '편익 산정 방법론'을 볼까요? 비용절감접근법(Cost-Saving Approach)이 현재 쓰는 방법이고, 내가 대안적 방법으로 제시하는 게 소비자잉여접근법(Consumer Surplus Approach)이에요. 근데 따지고 보면 대안적 방법이라고 할 것도 없어요. 옛날에 썼던 방법이거든. 1980년대 초만 해도 교통시설 편익을 소비자잉여접근법으로 계산한 보고서들이 나왔어요. 그런데 어느 순간 교통시설 편익 계산이 매뉴얼화되면서 비용절감접근법으로 바뀌어버렸어요. 내가 볼 때는 당시 매뉴얼 작업한 팀에서 그렇게 바꾼 것 같아요. 그쪽이 사람들한테 설명하기 쉬우니까.

김상철   방법론의 선택은 패러다임 변화로 설명하기도 하지만 결국에는 지향, 이데올로기까지는 아니어도 어쨌든 지

가. Cost-Saving Approach
- 운행비용, 통행시간비용, 사고비용, 환경비용 등 비용의 절감을 편익으로 산정함
- 현재 예비타당성조사, 투자 평가 등에 적용되는 기법

나. Consumer Surplus Approach
- 소비자 잉여 기반의 편익 산정 방법
- 전체 수단의 효용을 기반으로 소비자 잉여를 계산
- 새로운 수단의 도입과 정성적 요인을 포함한 편익 산출

[자료] 2쪽. 편익 산정 방법론.

향이 담겨 있다고 보잖아요. 그런 면에서 비용절감접근법이 직관적이어서 사람들에게 다가가기 쉽다는 점을 빼고 다른 설득력이 있을까요?

조중래   없어요. 심의나 논의를 거쳐 비용절감접근법으로 결정한 게 아니라, 몇몇 사람이 그냥 해버렸어요. 그게 매뉴얼화되면서 수십 년 동안 쓰이고 있고.

김상철   그러니까 합의가 있었다고 보기 힘든….

조중래   그런 거 없이 그냥. 예를 들면 이래요. KDI에서 무슨 용역을 줘요, 이거 어떻게 하면 좋으냐고. 그럼 용역 받은 사람이 보고서를 내고 KDI가 이견이 없으면 그냥 그대로 가버려요. 논의하는 과정 없이. 이론적인 거니까 그냥.

김상철   보통은 다른 이론이 등장해 경쟁을 통해서 우월

한 모델이 채택된다고 생각하는데 일종의 환상이군요. 정말 놀라운데요?

전현우　제가 기억하기로는 1999년도에 KDI에서 처음 예타 제도를 만들어야 한다면서 시범으로 10여 개 정도 사업에 대한 예타를 했죠. 거기에 교통시설이 포함됐고요. 그때가 IMF 구제 금융 상황이어서 재정 지출을 최대한 줄여야 하므로 비용절감접근법을 쓰게 되었을 수 있다는 생각이 듭니다.

김상철　방법론 선택에 있어서 모델의 과학적 정확성이 아니라, 당대의 사회적 혹은 재정적 필요성에 의해서 선택한다는 것이….

조중래　어쩌면 전문가 그룹이 이론적으로 빈약해서 그런 선택을 했을 수도 있어요. 소비자잉여접근법을 제대로 쓸 만한 자신이 없었을 수 있죠. 비용절감접근법은 그냥 단순 산수거든요, 그래서 그쪽으로 갔다, 이게 아마 제일 현실적인 얘기일 거예요.

전현우　어쨌든 비용절감접근법을 사용한 지가 벌써 20년이 지났네요.

김상철　이제 비용절감접근법의 문제점을 짚어주시죠.

조중래　우선, 공급자가 교통시설에 들인 비용이 얼마나 절감됐느냐를 편익에 넣어요. 물론 사용자 비용 절감도 편익에 들어가요. 통행시간, 기름값, 감가상각비, 주차비 등. 최근에는 환경비용도 들어가고. 그런데 그런 비용만 따져서는 편익 계산에 왜곡이 있을 수 있어요. 가령 통행시간을 보죠. 경부고속도로로 서울에서 부산까지 얼마나 걸리죠?

전현우 지금 4시간 30분 정도 걸리죠.

조중래 4시간. 그럼, 거기서 한 1분 단축된다고 하면…. 경부고속도로 하루 통행량*이 얼만가 모르겠는데….

전현우 대충 하루 70만 대 정도라는데, 100만 대로 가정하죠.

조중래 1분에 100만 대를 곱하면 100만 분이잖아요. 그 100만 분을 60으로 나누면 얼마인가?

전현우 대충 1만 5,000이네요. 1만 5,000시간.

조중래 1만 5,000시간. 그럼 한 시간의 가치를 1만 원으로 하면 얼마죠?

전현우 1억 5,000만 원 정도.

조중래 하루에 1억 5,000만 원이죠. 365일 하면 얼마야?

전현우 대충 500억 원이네요.

조중래 그 정도. 그러니까 서울에서 부산 가는 사람이 통

---

* 2019년 기준 대수로는 하루 66만 대, 차량 주행거리로는 총 119억 VKT(통행 대수×평균 주행거리) 수준이다. 고속도로망 전체의 17~19%를 차지한다.

행시간을 1분 단축하면 1년에 한 500억 원 편익이 발생한다고 보는 거예요.* 이렇게 비용절감접근법을 택하면, 아주 미세한 양의 통행시간 절감이라도 통행량이 많으면 편익이 아주 크게 나와요. 그럼 어떻게 돼요? 대도시에 시설이 집중되겠죠.

김상철　　그렇네요. 통행량이 많은 곳에서 편익이 많이 나올 수밖에 없네요.

조중래　　그렇죠. 그러니까 대도시 사업의 예타가 좋게 나오는 게 당연하죠. 그런데 소비자잉여접근법을 택하면, 이용자 수, 곧 통행량이 적더라도 새로운 시설일 경우 편익이 올라가요. 예를 들어 어디에 새로운 교통수단으로 트램이 들어가면 편익이 올라가요. 사람들이 선택할 수 있는 대안이 하나 더 생겼으므로 편익이 올라갔다고 보죠. 여태까지는 자가용, 택시, 지하철, 버스 중에서만 선택할 수 있었는데, 트램이라는 선택지가 더 생겨 그만큼 이용자들한테 편익을 더 제공한다는 거예요. 하지만 비용절감접근법을 택하면 트램은 속도가 느려서 통행시간이 더 늘어나니까 네거티브(–) 편익이 나와요.

김상철　　그럼 기존의 비용절감접근법은 속도 기반 산정

*　　도로는 수십 년 이상 유지되므로 이러한 1년 편익이 수십 년간 누적되어 발생한다. 물론 미래의 편익은 사회적 할인율만큼 가치를 낮추어 평가해야 하지만, 4.5%의 사회적 할인율을 적용해 계산하더라도 하루 100만 대가 겪는 1분 단축의 사회적 편익은 40년 전체에 걸쳐 1조 원이 넘는다.

밖에 안 되겠네요. 속도를 빨리 내면 낼수록 비용이 줄어드는 모델이니까.

조중래　그렇죠. 그런데 세상을 살면서 선택지가 다양한 거하고 몇 개뿐인 거하고 느끼는 감정이 다르잖아요. 시장에 사과하고 배만 있을 때와 다양한 과일이 있을 때의 감정 차이.

전현우　천지 차이죠. 그런데 아까 나왔던 서울과 부산 간 1분 단축은, 사실 그렇게 미미한 수준의 시간 단축은….

조중래　무시해야죠.

전현우　그런 미미한 수준의 시간 단축까지 계산에 넣는 건 너무 기계적이네요. 넓어지는 선택의 폭이 사람들 삶의 질과 훨씬 더 관련성이 높은데요.

조중래　한편으론 모형의 오차로 인해 시간 단축 값이 잘못 잡혀서 편익이 엄청나게 발생할 수도 있어요. 가령, 실제로는 시간 단축이 1분인데 3분으로 잡혀버리면….

전현우　오차는 어떤 모형에서든 발생할 수 있어서 꼭 상정해야 하는데요.

조중래　그런데 아무도 그런 오차를 상정 안 해요.

김상철　그런 점에서 이제 비용편익분석의 한계에 관해 설명하시면 될 것 같습니다. 이 자료를 바탕으로.

조중래　우선 [자료] 4쪽(기존 편익 분석 방법의 문제점)을 이해해야 해요.

김상철　네, 설명해주시죠.

조중래　[자료] 4쪽이 핵심이에요. 여기 두 지점을 연결하는 도로가 있어요. 30분 거리이고 통행 인원이 1,000명(1,000통행).* 여기에 철도를 하나 놨다 쳐요. 경전철을 넣든지 뭐든지, 무슨 수단이든 관계없이 새로운 시설을 하나 놨어요. 이 새로운 시설을 타고 가면 35분이 걸린다고 쳐봐요('After'의 회색 선). 기존 도로를 타고 가면 30분 걸리는데. 그럼 아무도 안 탈까요?

전현우　그렇지는 않죠. 상당한 사람들이 이용하겠죠.

조중래　왜 이용해요?

전현우　그게 더 안전하다고 생각할 수 있고….

조중래　바로 그 점을 이해해야 하거든요. 그냥 30분 걸리는 길로 가지, 왜 35분 걸리는 새로운 교통수단을 이용하지?

김상철　이동 시간 외에도 선택에 영향을 미치는 요소가 있으니까요.

조중래　그렇죠. 사람들은 시간만으로 교통수단을 선택하지 않아요. 30분 걸리는 길로 가려면 내가 직접 운전해야 해

---

*　도로 통행 속도를 상정할 때는 통행 인원을 차량당 평균 탑승 인원으로 나누어 차량 대수를 산출하고, 이들 차량이 도로에서 통행할 때 나타나는 지체를 반영해야 한다. 평균 탑승 인원은 지역에서 경험적 조사를 꾸준히 수행해 얻어야 하는 값이다.

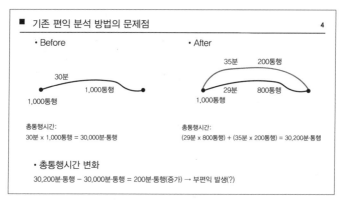

[자료] 4쪽. 기존 편익 분석 방법의 문제점.

서 피곤하고, 길이 막히면 좀 더 늦어질지도 모르죠. 그런데 새 교통수단이 철도라면 운전할 필요가 없고 등등, 시스템 자체가 다르니까 충분히 선택할 수 있는 여지가 생겨요. 그래서 기존 도로 이용자의 1,000명 중 200명이 새 교통수단인 철도로 옮겨 갔다고 쳐요. 그럼 기존 도로에는 800명이 남고 통행시간이 좀 줄어들겠죠. 혼잡이 줄어드니까. 그래서 30분에서 29분이 됐다고 쳐요.

　[자료] 4쪽 오른쪽의 회색 선은 철도죠. 철도의 두 지점 간 이동 시간은 통행량과 관계없이 35분으로 일정해요. 그럼 비용 절감접근법을 쓰면 어떻게 되느냐? 기존의 총통행시간은 30분×1,000명이니까 30,000분이에요. 그런데 철도가 생긴 후에 도로는 29분×800명, 철도는 35분×200명이니까 총통행시간은

30,200분이죠. 즉 통행시간이 200분 증가했어요. 이게 소위 네거티브 편익, 즉 '부편익(負의 便益)'*이에요. 전문가들도 간혹 이런 용어를 써요. 근데 그게 말이 돼요? 국가에서 놔준 철도를 이용하는 사람들이 새로 발생했어요. 그런데 이용자에게 마이너스라니. 부편익 발생이 사실이라면 200명이 그리로 가지 말았어야죠. 그런데 간단 말이야.

김상철　비용절감접근법은 개인이 갖는 합리적 선택의 유일한 기준이 비용이라는 점을 전제하는데 그게 아니라는 말씀이시죠? 그 전제가 맞는다면, 선택하는 사람이 없을 텐데 그렇지 않으니까요.

조중래　그게 비용절감접근법이 가진 문제점의 핵심이에요.

김상철　선생님은 철도를 예로 드셨지만, 자전거로 하면 이 문제가 더욱 두드러지겠네요. 자가용이 더 빠른데 자전거를 공급한다고 사람들이 자전거를 타겠느냐? 이런 얘기와 비슷해요.

---

*　현행 중학교 《사회1》 교과서(지학사)에서는 편익을 "자신이 지불한 비용으로 얻은 대가나 만족, 경제적인 이익 등"이라고 설명한다. 이와 같은 정의는 편익을 중심으로 하는 판단이 긍정적인 이익만을 통해서 결정이 이루어진다는 착각을 일으킨다. 하지만 대개 긍정적인 편익과 부정적 편익은 동시에 나타나고, 이 둘을 견주어 최종적으로 양의 편익이 발생하는가 아니면 부의 편익이 나타나는가를 살펴야 한다. 이때 부정적인 편익이 더욱 큰 상태를 '부의 편익'이라고 표현한다.

전현우   많이 있었죠. 예전 대운하 때였죠?

조중래   비용절감접근법은 선택의 다양성, 개별 인간의 특성을 설명하지 못해요. 자전거 타고 가면서 경치 보는 걸 즐기는 사람이 있는데 다 무시하고 통행시간 하나만 가지고 판단하죠. 사실 전문가도 그것 하나만 인정하지는 않아요. 모형을 만들다 보니 그렇게 돼버렸죠. 거기서 계속 벗어나지 못하는 이유는, 내가 볼 때 실력 때문이에요. 소비자잉여접근법은 전문가들이 직접 쓰기 어렵고, 그 접근법으로 결과를 냈다 해도 국토부나 서울시에 가서 이해하기 쉽게 설명하기 어려우니까요.

비용 절감과 편익은 다르다

김상철   [자료] 6쪽(Cost-Saving Benefit과 Consumer Surplus Benefit)의 생수 관련 상황을 비교한 것도 두 가지 방법론의 다른 점을 설명하기 위해서죠?

조중래   아, 그건 다른 얘기예요. 비용 절감과 편익이 같은 개념이 아님을 설명하기 위한 거예요. 쉽게 말해, 내가 지금 몸이 매우 아파요. 제약회사에서 '이거 한 병 맞으면 당신 살아'라면서 신약을 권해요. 한 병 가격이 1억 원이야. 그럼 내가 1억 원이 있으면 맞겠죠?

■ Cost-Saving Benefit과 Consumer Surplus Benefit 비교   6

> • 비용 절감 ≠ 편익

가. 상황1
  - 현재의 물 1병의 시장가격 = 1,000원
  - 현수 : "물 1병이 2,000원 한다 해도 사 먹을 거야"(현수의 지불의사가격 = 2,000원)
나. 상황2
  - 현수가 물을 사려고 근처 편의점에 들렀다.
  - 편의점에서는 물 1병을 700원에 할인해서 팔고 있었다.
다. 비용 절감과 편익
  - 비용 절감 = (시장가격) − (실제 구입가격)
            = 1,000원 − 700원 = 300원
  - 현수의 편익 = (현수의 지불의사가격) − (실제 구입가격)
              = 2,000원 − 700원 = 1,300원

[자료] 6쪽. Cost-Saving Benefit과 Consumer Surplus Benefit 비교.

김상철   맞죠.

조중래   그렇죠. 그게 5억 원이라고 쳐도 내가 5억 원 있
으면 맞겠어요, 안 맞겠어요?

김상철   5억 원이 있으면 맞겠죠.

조중래   맞죠. 그럼 4억 원이 나한테는 편익이죠.

김상철   심리적인 측면의 이익이네요.

조중래   아니, 4억 원이 '실제 편익'이라는 거예요.* 그러
니까 '비용 절감과 편익은 다르다'가 핵심이에요. 예를 들어, 어

---

*   여기서 조중래 선생이 말하는 편익은 경제학의 소비자 잉여 개념에 해당
한다. 특정 제품 A의 소비자 잉여란 A에 대한 소비자의 지불의사에서 A의 실
제 공급 가격을 뺀 값이므로, 소비자의 평가와 객관적인 거래 가격이 함께 작
용해 귀결된 값이다. 한편 비용 절감은 A의 공급 가격과 이를 대체할 수 있으
며 A보다 가격이 싼 제품 B의 공급 가격 사이의 차액을 말한다. 소비자의 지불
의사가 A, B의 가격보다 높을 때 소비자 잉여는 A와 B 모두에 대해 성립한다.

느 날 귀한 손님이 오기로 해서 마트에 고기를 사러 갔어요. 소고기 한 근에 5만 원이라도 사야지 하면서 갔는데 3만 원이에요. 당연히 사죠. 그럼 나는 5만 원이어도 샀을 테니까 2만 원이 편익이에요. 어느 날은 애들이 고기 구워달라고 해서 시장에 갔더니 3만 원이야. 생각보다 비싸서 안 샀어요. 지불의사가격(willingness to pay)이 달라졌으니 같은 3만 원이라도 비싸죠. 즉 상황에 따라 지불의사가격은 달라지고, 그것과 실제 가격에 차이가 발생해요. 그게 바로 편익이에요. 하지만 비용 절감은 달라요. 고기가 원래 3만 원인데 저녁이라 2만 원에 할인해서 팔아, 그럼 1만 원이 비용 절감이죠.

김상철   비용 절감과 편익이 어떻게 다른지 알겠습니다.

조중래   그러니까 편익 값은 비용 절감 값보다 크거나 같아요. 편익이 비용 절감보다 작은 예는 있을 수 없어요.

김상철   그러네요. 실제로는 일어나지 않는 일이라도 가상적으로는 가능하니까.

조중래   아니, 편익은 심리적이나 가상적인 게 아니라니까요.

전현우   지불의사가격도 실재한다는 말씀이시죠?

조중래   그렇죠. 비용 절감은 굉장히 쉽게 계산돼요. 편익을 계산하려면 그럼 뭘 알아야 해요?

김상철   지불의사를 알아야….

조중래   그렇죠. 이른바 지불의사가격이 얼마인지를 알아야 해요. 경제학에서 말하는 수요함수가 바로 이 가격을 나타내요. 보통, 상품의 가격이 높아지면 수요는 줄어드니까 수요함수식을 그래프로 그리면 왼쪽 위에서 오른쪽 아래로 내려가는 곡선 형태예요.

[자료] 10쪽(Demand Curve와 Consumer Surplus)을 보세요. 수요함수를 교통 편익 분석에 적용했어요. X축이 통행량이고 Y축이 통행시간이에요. 그래프에서 X축의 D_b는 Y축의 T_b와 만나죠. 통행시간이 T_b만큼 걸릴 때 그 도로의 수요는 D_b라는 뜻이에요. 즉 통행시간을 T_b만큼 지불할 의사가 있는 사람의 숫자가 D_b라는 말이죠. 그런데 X축에서 D_b보다 왼쪽에 점을 하나 찍어서 D_c라 하고, 그걸 사선까지 올려보면 T_b보다 큰 값에서 Y축과 만나겠죠. 그걸 T_c라고 해봐요. 통행시간이 T_c만큼 걸리더라도 그 도로를 이용하겠다는 사람들이 D_c라는 뜻이에요. 즉 D_c는 D_b보다 지불의사가격이 훨씬 높은 사람들이죠. 다시 말해, 수요곡선이 곧 지불의사가격 곡선이라는 뜻이에요.

김상철   네, 무슨 말씀인지 알겠습니다. 그런데 지금은 교통사업 편익을 따질 때 지불의사비용을 간과한다는 말씀이시죠?

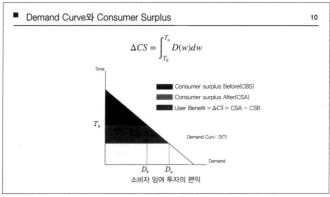

소비자 잉여 투자의 편익

[자료] 10쪽. Demand Curve와 Consumer Surplus.

조중래   그렇죠. 옛날에는 지불의사비용을 넣어서 계산했는데 요새는 안 그러죠. 옛날 보고서에는 다 그림으로 나와요. 1970년대 말에 내가 쓴 보고서만 봐도.

전현우   저번에 말씀하신 부산 1호선이었나, 그에 관한 보고서에도?

조중래   네, 편익을 그렇게 계산했어요. 옛날이 오히려 더 정확했어요. 그러면 이제 편익 계산하려면 뭐만 알면 돼요?

김상철   지불의사요?

조중래   수요 곡선만 알면 되죠. 그것만 알면 그대로 편익 계산하면 돼요.

김상철   그럼 시민들이 검증하기도 쉬워지겠네요.

조중래   근데 웃기는 건 정부에서 이미 다 수요 곡선을 지정해놓았다는 사실이에요.* 정부 지침에 포함된 함수가 바로 그 곡선이에요. 근데 사람들이 그걸 수요 곡선이라고 인지 못 해요. 왜냐하면 전문가들 실력이 없으니까. 굉장히 불행한 얘기지만, 우리나라 수요 분석하는 전문가들 실력이 없어서 그래요.

김상철　그럼 지침이 있다는 얘기네요?

조중래　있는데도 그걸 수요 곡선이라고 생각 못 해요. 그러니까 여러분이 조금만 공부하면 전문가들 의견을 다 뒤집어 엎을 수 있어요. 지금 수요 분석하는 전문가들이 경제학 베이스가 없어요. 또 사실 교통수요 전문가도 아니에요. 지능형교통체계 등의 전문가로서 정부 예타 사업으로 진행되는 KDI 교통수요 프로젝트를 맡아요. KDI로서는 교통수요 전문가가 딱히 없으니까 그들에게 일을 주죠.

전현우　정부 돈으로 전문가 과정을 만들면 될 텐데 안 하는 이유는 뭘까요?

조중래　그럴 생각을 못 하죠.

김상철　선생님 대학 계실 때는 대학원에 그 과정이 있었

---

*　이를테면 국토교통부 고시로 발표된 '교통시설 투자평가지침'에는 두 지역을 오가는 통행에 대해 각각의 교통 수단이 선택될 확률은 얼마이고 이에 따라 통행량의 배정이 경로별로 어떻게 되는지가 모델로 제시되어 있다. 일반적으로 교통사업의 분석 모델은 수단 선택과 경로 선택을 계산할 때 전제가 되는 세부적인 사항이 정부 지침으로 제공된다는 취지의 언급이다.

던데요?

조중래　그랬죠. 또 하나 문제는 교통 전공하는 학생들이 교통수요 쪽을 연구하려고 하지 않아요, 복잡하다면서. 그러니까 여러분이 조금만 이해하면 최소한 토론회 같은 데서 전문가로 나오는 사람들의 주장을 다 뒤집어버릴 수 있어요. 그 사람들 한번 뒤집혀야 해요. 너무 고여 있어서 썩을 대로 썩었어요.

수요 모형 이해하기

김상철　다음에는 어떤 부분을 설명해주시겠어요?

조중래　[자료] 7쪽(Cost-Saving Benefit과 Consumer Surplus Benefit 비교). 수요 모형이 두 종류 있어요. 하나는 왼쪽의 고정수요모형(Fixed Demand Estimation Model), 또 하나는 오른쪽의 변동수요모형(Variational Demand Estimation Model). 왼쪽의 고정수요모형을 먼저 볼까요? 가격이 변하는데도 수요가 안 변해요. 수요가 고정변수예요. 생활필수품같이 가격이 올라가도 수요는 안 바뀌는 것. 꼭 써야 하니까. 그럼 가격이 올라가면 피해는 누가 보죠? 소비자죠. 이 경우 독과점의 피해가 발생할 수 있어요. 반면, 오른쪽의 변동수요모형은 가격이 조금만 변해도 수요가 막 바뀌어요. 변동 수요죠.

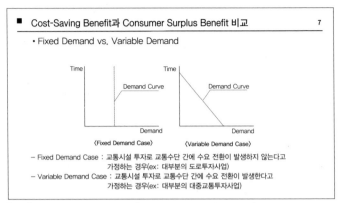

■ Cost-Saving Benefit과 Consumer Surplus Benefit 비교　　7

• Fixed Demand vs. Variable Demand

〈Fixed Demand Case〉　　〈Variable Demand Case〉

– Fixed Demand Case : 교통시설 투자로 교통수단 간에 수요 전환이 발생하지 않는다고
가정하는 경우(ex: 대부분의 도로투자사업)
– Variable Demand Case : 교통시설 투자로 교통수단 간에 수요 전환이 발생한다고
가정하는 경우(ex: 대부분의 대중교통투자사업)

[자료] 7쪽. Cost–Saving Benefit과 Consumer Surplus Benefit 비교.

　　교통수요 분석에서도 이 두 가지 모형이 쓰여요. 도로 분석
할 때는 도로 교통수요가 고정돼 있다고 가정해요. 고정수요모
형으로 계산한다는 말이에요. 그래서 도로가 새로 생기면 대중
교통에서 얼마나 넘어올까를 계산하지 않아도 돼요. 그런데 대
중교통 분석할 때는 도로에서 얼마나 넘어오는지를 계산해요.
변동수요모형으로 계산하는 거죠. 교통수요 분석할 때 어떤 것
은 고정수요모형으로 다루고 어떤 것은 변동수요모형으로 다루
느냐? 그냥 매뉴얼의 문제예요. 이론적으로 정해진 게 아니라.

　　고정수요모형을 쓰면 비용절감접근법과 소비자잉여접근
법의 결과가 똑같이 나와요. 이걸 잘 이해해야 해요. [자료] 8쪽
(Cost-Saving Benefit과 Consumer Surplus Benefit 비교)을 보면 왼쪽([자료]
8-1쪽)이 비용절감접근법에 따라 분석한 그림이에요. 사업 시

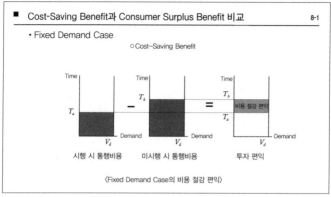

〈Fixed Demand Case의 비용 절감 편익〉

[자료] 8-1쪽. Cost-Saving Benefit과 Consumer Surplus Benefit 비교.

행 시 통행시간이 T_a이고 미시행 시 통행시간은 T_b예요. 수요는 고정수요모형을 쓰기로 했으니까 V_d로 똑같아요. 개량에 따라 통행시간이 T_b에서 T_a로 낮아졌는데도요. 그러면 시행 전 총통행시간(=총통행비용)은 $T_b \times V_d$예요. 시행 후 총통행시간은 $T_a \times V_d$이고. 따라서 $(T_b \times V_d) - (T_a \times V_d)$의 값이 편익이에요. [자료]에서 '비용절감편익'이라고 쓴 회색 부분이죠.

이제 오른쪽([자료] 8-2쪽)에 있는 소비자잉여접근법으로 가보죠. 소비자잉여접근법에 따른 편익은 통행시간 T_a 위쪽 사각형의 면적에서 T_b 위쪽 사각형의 면적을 뺀 값이에요. 'CS(Consumer Surplus)편익'이라고 쓴 회색 부분. 결과적으로는 비용절감접근법이나 소비자잉여접근법이나 똑같이 나와요. 고정수요모형인 도로의 경우에는 비용절감접근법에 따른 편익

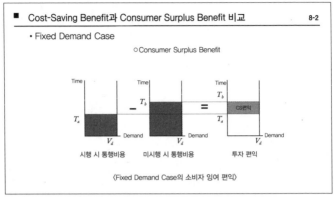

■ Cost-Saving Benefit과 Consumer Surplus Benefit 비교

• Fixed Demand Case

○ Consumer Surplus Benefit

〈Fixed Demand Case의 소비자 잉여 편익〉

[자료] 8-2쪽. Cost-Saving Benefit과 Consumer Surplus Benefit 비교.

이나 소비자잉여접근법에 따른 편익이나 똑같이 나온다는 말이에요.

전현우　매뉴얼상 도로는 고정수요모형을 쓰기로 되어 있으니까 그렇게 되는군요.

조중래　그다음 [자료] 9쪽(Cost-Saving Benefit과 Consumer Surplus Benefit 비교)의 변동수요모형을 보죠. 왼쪽의 비용 절감 편익([자료] 9-1쪽)을 볼까요? 사업 시행 전 T_b에서 시행 후 T_a로 통행시간이 줄어드니까 수요가 어떻게 됐나요?

전현우　수요가 줄어들었어요.

조중래　그림을 제대로 해석 못하고 있네요.

김상철　V_b에서 V_a로 늘어났어요.

전현우　아, 통행시간이 줄었으니 수요가 늘어난 거네요.

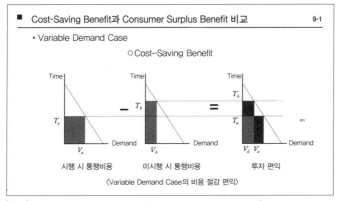

〈Variable Demand Case의 비용 절감 편익〉

[자료] 9-1쪽. Cost-Saving Benefit과 Consumer Surplus Benefit 비교.

조중래   그러면 비용은 얼마나 절약됐어요? $T_b \times V_b$에서 $T_a \times V_a$를 **빼**면 되잖아요. 그럼 검은색 '편익'과 '부편익' 부분이 이해가 가요?

전현우   어쨌든 부편익은⋯.

조중래   시행 전 통행시간이 원래 100분이었고 그때 수요가 50이었다고 해봐요. 그러면 총통행시간은 얼마예요? 5,000분이죠. 그런데 시행 후 100분 걸리던 통행시간이 50분으로 줄어들자 수요가 70명으로 늘어났다고 쳐봐요. 총통행시간은? 3,500분이죠. 그럼 편익은 얼마죠? 총통행시간의 비용 절감 규모는?

김상철   1,500분인가요?

전현우   사업을 안 했을 때의 통행시간에서⋯.

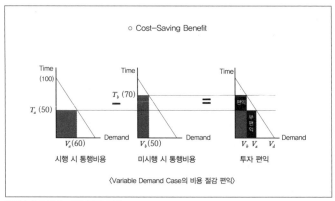

조중래   자, 보세요. [자료] 9쪽의 'Cost Saving Benefit' 그림에 숫자를 하나하나 넣어서 설명할게(변동수요모형의 비용 절감 편익). 수직축은 시간, 수평축은 수요지. T_a는 50분이야. 그리고 T_b를 70분, 곡선과 수직축이 만나는 지점의 시간은 100분으로 해봐요. V_b는 50명, V_a는 60명으로 하고. 100분이면 수요는 얼마죠?

전현우   0이네요.

조중래   그렇죠. 그러면 통행시간이 70분, 50분일 때는 수요가 각각 50명, 60명 있죠? 시간과 수요로 대안별 통행비용을 구하는 거야. 미시행 시 통행비용은 70분에 통행량 50명을 곱한 값이야. $T_b \times V_b$=3,500분이지. 그럼 시행 시 통행비용은?

김상철   50분에 통행량 60명을 곱한 값입니다. $T_a \times$

V_a=3,000분이네요.

　　조중래　이제 다 됐어요. 둘을 빼서 편익을 구하면 돼요. 사업 미시행 시에도 통행하던 50명은 시간을 20분만큼 덜 들이고 이동했어. 이 사람들은 시간 절감의 편익을 누린 거지. 총 1,000분이지? 그런데 사업 시행 시 새로 이동하게 된 V_a-V_b=10명은 이전에는 이동 시간을 들이지 않았는데 이제 이동 시간을 들이게 됐어. 그래서 이 사람들, 즉 10명은 각각 50분만큼의 이동 시간을 들이게 됐어. 총 500분. 결국, 이 사람들은 투자의 부편익을 보게 된 거야.

　　김상철　알겠습니다. 새로 이동한 사람들은 무조건 손해를 보는 걸로 나오네요.[*] 수요가 고정돼 있지 않고 변동하기 때문에 그렇죠?

　　조중래　그보다는 비용절감접근법을 사용하면 그렇게 된다는 말이에요. 그러니까 부편익이 커지면 마이너스 편익이 나오죠. 그건 복불복이에요, 어떻게 보면.

---

[*]　여기서 통행비용은 총통행수요×통행시간으로 구해진다. 미시행 시에는 통행시간이 길어지면서 수요가 적어지지만, 시행 시에는 통행시간이 짧아진 만큼 수요가 늘어난다. 그러면 애초 통행수요가 줄어든 부분은 사업 시행의 편익이 되고, 사업을 시행하면서 늘어난 부분은 사업 시행에 따라 통행비용이 늘어났으니 부편익으로 본다. 이 부분이 정서적으로 받아들이기 힘들다면 이용자의 관점에서 바라보기 때문이다. 비용 절감 편익의 가정은 공급자의 관점에서 보아야 내부 논리를 이해할 수 있다.

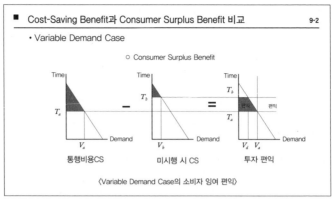

[자료] 9-2쪽. Cost-Saving Benefit과 Consumer Surplus Benefit 비교.

전현우   그렇죠. 사업에 따라 달라지는.

조중래   그런데 소비자잉여접근법을 사용하면 부편익이 나올 수 없어요. [자료] 9쪽 오른쪽 그림([자료] 9-2쪽)이 그걸 보여주죠. 이제 이해되죠?

김상철   네, 이해됩니다.

소비자 잉여 분석 방법

조중래   이제 [자료] 11쪽(Consumer Surplus 분석 방법)으로 가보죠. 우리가 실제로 부딪히는 문제인데, 핵심은 앞에서 다 설명했어요. 수요함수(Demand Function) 부분([자료] 11-1쪽)을 보세요. 이게 정부에서 지금 쓰라고 하는, 지정한 내용이에요. 밑

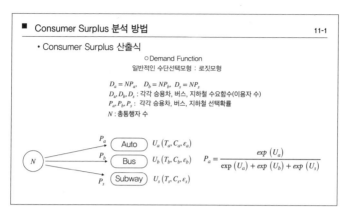

[자료] 11-1쪽. Consumer Surplus 분석 방법.

에 있는 P_a라는 함수식 $P_a = exp(U_a)/exp(U_a) + exp(U_b) + exp(U_s)$이 어떻게 구성되어야 하는지 구체적으로 지정해줬다는 말이에요. 어떤 사람이 자가용(Auto), 버스(Bus), 지하철(Subway) 중 하나를 선택할 확률을 각각 어떻게 계산하느냐를 이 함수식으로 지정해준 거죠. 그리고 T_a, C_a, ε_a는 통행시간과 통행비용에 관련한 변수들이에요. 그러니까 T_a는 자가용의 통행시간, C_a는 자가용의 통행비용, 그 밑에 T_b는 버스의 통행시간, C_b는 버스의 통행비용, T_s는 지하철의 통행시간, C_s는 지하철의 통행비용. 이것들에 의해서 확률이 계산돼요. 그러니까 U_a, U_b, U_s라는 각각의 효용함수는 통행시간, 통행비용, 그리고 잔차(residual)* ε에 의해서

---

* 잔차는 표본으로부터 추정한 회귀식과 실제 관측값의 차이를 의미한다. 오류와 다르게 표본과 개별 관측치 간의 차이로 간주되는 값이다. 회귀식을

결정된다는 거예요. 경제학에서 얘기하는 효용함수. 따라서 그 확률은 효용함수의 값이에요. 어떤 사람이 어떤 교통수단을 이용할 확률을 계산하는 함수식이 P_d죠.

이제 이 함수를 적용해보죠. 어디에 하느냐? 출발–도착 데이터, 소위 OD통행 데이터. 조사해봤더니, 예를 들어 분당에서 강남까지 가는 사람이 하루 1만 명 나왔어요. 이건 조사를 통해 확인한 값이니 바뀌지 않는다고 할 수 있죠. 이 통행량에 수요함수를 적용해봐요. 승용차를 이용할 확률은 P_a, 버스를 이용할 확률은 P_b, 지하철을 이용할 확률은 P_s예요. P_a가 0.3이면 1만 명 중 승용차로 통행할 사람은 얼마예요?

전현우   3,000명이죠.

조중래   그렇죠. 그게 승용차 수요예요.

김상철 P_a가 0.3이라면, 그 확률은 어떻게 나왔는지 궁금하네요. 기존의 통행량을 바탕으로 나온 건가요? 이를테면 분당에서 강남까지의 통행량 10년 치를 바탕으로 계산했을까요?

조중래   일단 [자료] 12쪽(Toy Network 분석)으로 넘어갈게요. 여기서는 비용을 빼고 시간만 가지고 얘기했어요. U_m은 m이라는 교통수단의 효용함수인데, $-0.03 \times T_m$으로 되어 있죠.

통해서 수요를 추정할 때 관측치와 나타날 수 있는 차이를 잔차를 의미하는 계수를 명시해 표현한다.

• 분석의 전제 조건

- 도로지체함수

- 수단선택모형

$$T = T_0 \left[1 + 0.15(V/C)^4 \right] \qquad P_k = \frac{exp\,(U_k)}{\sum_m^n exp\,(U_m)} \, , U_m = (-0.03) \cdot T_m$$

- 통행 시간가치

Cost-Saving Approach	Consumer Surplus Approach
- 통행수단별 시간가치 적용 VOT(승용차) = 12,000(원/인·시간) VOT(버스) = 6,000(원/인·시간) VOT(지하철) = 6,000(원/인·시간)	- 통행목적별 시간가치 적용 - 수단별 가중평균 적용 $VOT = \sum_k P(k) \cdot VOT(k)$ $P(k) = $ 수단 K의 분담률

- 총통행량: 30,000통행/일

[자료] 12쪽. Toy Network 분석.

어떤 지역을 가는 데 걸리는 통행시간이 T_m이다, 그럼 이 사람의 효용은 얼마냐? $-0.03 \times T_m$이라는 거예요. 통행시간이 만약 30분이면 -0.03×30분이니까 -0.9, 이 30분짜리 통행에서 이 사람이 얻는 효용은 -0.9라는 뜻이죠. 효용함수는 항상 마이너스인데, 시간이나 비용이 늘면 효용은 줄어들기 때문이에요.

이제 상철 씨 질문으로 돌아가죠. 효용 값만 알면 확률은 그냥 정해지는데, 그럼 그 효용 값을 어떻게 계산하느냐? T_m(통행시간) 혹은 여기서는 뺐지만 C_m(통행비용), 그리고 -0.03을 곱하죠. 시간이나 비용은 상황에 따라 바뀌는 값을 집어넣으면 되고, -0.03은 정부가 지정해놓은 고정값이에요.

전현우 -0.03은 일종의 상수네요.

조중래   네. 근데 이 값, -0.03은 어떻게 만드느냐? 교통연구원에서 몇억 원씩 용역을 줘서 만들어요. 나름대로 가장 현실적으로 생각되는 값을 뽑아내야 하는데….

김상철   경험과 맞춰가면서 세부 수치를 조정하는 과정이 안 돼 있다는 말씀인가요?

조중래   그렇지. 모형 정산, 즉 캘리브레이션(calibration)이 충분하지 않지. 아무튼 이 −0.03을 파라미터, 곧 매개변수라고 불러요. 이 값을 정부가 매년 한 번씩 계속 업데이트하면서 쓰라고 해요. KDI 지침서에도 들어가요. 정부에선 이걸 지정할 수밖에 없어요. 사람마다 각기 다른 값을 써버리면 곤란하니까. 이렇게 P_d라는 함수가 고정되었잖아요? C_d, T_d만 상황에 따라서 달라지고. 그럼, 여기에 총통행량만 곱해주면 수요가 나오죠.

김상철   그러니까 이건 연구자가 고민 안 해도 되는 숫자를 넣어서 만들어지는 모델이네요.

전현우   [자료] 11-1쪽에 나오는 ε은 어떤 의미일까요?

조중래 ε은 이론적이니까 무시해도 돼요. 이 ε에 담긴 건 우리가 관찰할 수 없는 값들이에요. 그러니까 계량화할 수 없는 것들. 통행시간이나 통행비용은 계량화가 가능하지만, 교통수단별 안전성이나 불편감 등은 계량할 수 없잖아요. 그런 관찰되지 않은 것을 전부 가진 게 ε 값이에요. 이 ε 값에 의해서 이 모형식이 정해져요.

전현우 ε 값도 정부가 추정해서 정하나요?

조중래 아니에요. ε 값은 정하는 게 아니야.

김상철 그러면 계량되지 않는 혹은 관찰되지 않는 값은 이론적 모형에만 존재하지, 실제 추정에는 없겠네요?

조중래 네, 없어요. 어쨌든 이 함수식을 제대로 이해 안 하고 저 사람들하고 붙으면 정말 깨져요. 그럼 그다음에 남는 문제가 뭐냐? 수요함수가 이렇게 정해졌단 말이에요, 그럼 이제 소비자 잉여를 계산해야죠. 어떻게 계산하느냐? 이미 많은 논문이 나와 있어요. 나도 이미 계산했고, 전공이 이거고.

자, 이제 [자료] 11쪽 오른쪽([자료] 11-2쪽)의 식을 봐요. 복잡해 보이죠? 하나하나 뜯어봐요. 인테그랄($\int$)은 적분하라는 이야기이고, 확률함수는 분수 구조이니 나눗셈 잘하면 되고, 시그마(Σ)야 더하기지. ln은 자연상수 e를 밑으로 하는 로그함수, exp는 자연상수 e를 밑으로 하는 지수함수. 여러분의 스마트폰 계산기에 모두 있는 버튼이에요. 그러니까 계산기로도 계산할 수 있는 값이에요. 어려운 게 아니란 말이죠.

김상철 근데 보통 사람들은 사칙 연산만 쓰니까요.

조중래 차근차근 따라와 봐요. 그 왼쪽에 있는 로그값, 괄호하고 있는 로그값이 소비자 잉여예요. 첫 번째 항목 ln 괄호 열고 $exp(U_k^a)$라고 돼 있는 거 있잖아요. 그게 사업 시행 후

• Consumer Surplus 산출식

○ Consumer Surplus Benefit

Consumer Surplus의 Benefit은 선적분을 통하여 계산됨

$$\Delta CS = N \cdot \int_{(U_a^b, U_b^b, U_s^b)}^{(U_a^a, U_b^a, U_s^a)} \left(D_a dU_a + D_b dU_b + D_s dU_s \right)$$

$$= N \cdot \left[\ln \left\{ \sum_{k=a,b,s} exp\left(U_k^a \right) \right\} - \ln \left\{ \sum_{k=a,b,s} exp\left(U_k^b \right) \right\} \right]$$

$$\Delta CS(w) = \left(\frac{1}{MU_I} \right) \cdot \Delta CS(u)$$

$$MU_I \fallingdotseq \begin{cases} (-1) \cdot MU_c \\ \left(-\frac{MU_t}{VOT} \right) \end{cases}$$

MU_I = Marginal Utility of Income

MU_C = Marginal Utility of Cost

MU_t = Marginal Utility of Time

VOT = Value of Time

$\left(U_a^b \cdot U_b^b, U_s^b \right)$: 미시행 시 각 수단 이용자 효용(Before)

$\left(U_a^a, U_b^a, U_s^a \right)$: 시행 시 각 수단 이용자 효용(After)

[자료] 11-2쪽. Consumer Surplus 분석 방법.

의 소비자 잉여예요. 그 옆 오른쪽의 $exp\left(U_k^b \right)$ 가 사업 시행 전의 소비자 잉여고요. 그럼 두 개의 차를 구하면 뭐예요?

김상철　　효용, 편익?

조중래　　편익이죠. 소비자 잉여의 차이. 근데 이건 한 사람의, 일인의 소비자 잉여예요. 그럼 총소비자 잉여를 계산하려면 어떻게 해야 해요?

김상철　　만약에 1,000명이면 1,000개를 다 합쳐야겠네요.

조중래　　그래요. 그래서 그 앞에 N이 붙어 있는 거예요. 식이 이해돼요?

김상철　　네, 이해됩니다. 그러면 이 식은 개개인이 갖는 편익이 다름을 염두에 두고 만든 거네요?

조중래　　개인마다 다 다르지만, 평균값으로 계산하는 거

죠. 일인당 평균 소비자 잉여로. 문제는, 이 숫자는 돈이 아니라는 사실이에요. 우리가 아까 −0.03×30으로 얻은 −0.9는 돈이 아니라 효용 값이잖아요. 즉, 효용으로 계산된 소비자 잉여니까 한 가지 작업을 더 해서 돈으로 치환해야 해요. 그 치환 방법이 옆에 있는 식이에요. $\triangle CS(w)$가 돈 단위의 소비자 잉여예요. 이걸 구하려면 $\triangle CS(u)$ 곧 효용 단위의 소비자 잉여를 MU_I, 다시 말해 소득의 한계 효용(marginal utility of income)으로 나누면 되죠.

김상철   임금의 한계 효용?

조중래   소득의 한계 효용. 그게 뭘까요?

전현우   한 단위의 효용. 1원 더 벌었을 때 얼마만큼 효용이 더….

조중래   정확하네요. 1원 더 벌었을 때 내 효용이 얼마만큼 증가하느냐는 이야기예요. 예를 들면 내 소득이 100만 원이야, 그때 효용이 10이에요. 근데 110만 원이 되니까 효용이 12가 됐어요. 그럼 한계 효용은 얼마예요?

김상철   0.2요.

조중래   그렇죠. 10÷2니까. 그게 한계 효용이에요. 그걸로 나눠주면 단위 액수의 소비자 잉여 값이 되죠. 이 배경에 있는 이론을 설명하려면 시간이 오래 걸리니까 그건 따로 공부해요.

김상철   결국 계산하도록 만든다는 게 굉장히 놀랍네요.

조중래   근데 불행하게도 우리는 소득이라는 변수를 얻을 수 없잖아요. 그래서 소득 대신 통행비용을 가지고 계산하는 거예요. 소득과 비용은 반대 성격이 아니에요, 똑같은 돈이니까. 그래서 비용의 한계 효용에 −1을 곱하면 소득의 한계 효용이 돼요.

김상철   예타에는 총통행시간에 이용자들의 평균 임금을 곱해 통행자 전체의 비용이나 편익을 확인하는 절차가 있어요. 그게 효용을 돈의 가치로 치환하는 절차인가요?

조중래   아, 그거는 VOT예요. 통행시간가치(Value of Time). 말이 나왔으니 검토해보죠. 통행시간이 100분 절감됐으면 그걸 돈으로 환산해야 하잖아. 아까 내가 한 시간을 얼마로 계산했어요? 1만 원으로 했죠. 왜 한 시간이 1만 원이냐? 그걸 계산하기 위해서 시간당 평균 임금을 활용하죠. 노동자 평균 시간당 임금 대비 일정 퍼센트를 통행시간 가치로 본다, 이렇게.•

•   업무통행은 농업을 뺀 전 산업 평균을 적용한다. 단, 버스와 화물차 운전자는 각 산업의 평균 임금을 활용한다(이들의 임금은 전 산업 평균보다 낮아 통행시간 절감은 다른 산업의 출장자보다 낮게 평가된다). 더불어 비업무통행의 가치는 실제 통행 데이터를 활용해 수단선택모형을 구축한다. 이 모형을 각 수단 통행자들이 1시간 단축을 얼마만큼의 가치로 평가하는지 계산해 얻는다. 참고로 출퇴근 통행 역시 예타에서는 비업무통행에 포함되며, 대중교통 수단(버스, 철도)의 비업무통행 가치는 승용차의 절반 수준으로 평가되어 있다. 이승헌 등, <예비타당성조사 수행을 위한 통행시간 가치 산정에 관한 연구>, KDI PIMAC, 2012.

김상철 　말씀 들으면서 드는 궁금증 중 하나는, 제가 모델링으로 이 문제 분석한 논문들을 다 찾아봤거든요. 최종적으로는 연구자의 선택이 이해 안 되더라고요. 자가용 이용자의 임금을 좀 더 높게 본다는 것도 편견일 수 있지만, 어쨌든 오케이. 그런데 많은 사람이 이용하는 버스의 이용자 수[**]를 과소평가하는 부분에서….

조중래 　자기가 한 조사 자료라고 하죠?

전현우 　경험적인 값이라고.

김상철 　아무리 생각해도 버스 이용자들의 통행시간을 과소평가한다는 느낌을 지울 수가 없더라고요.

조중래 　뭐 자기가 한 조사 자료라고 얘기하지만, 거기서 논쟁이 발생하죠.

김상철 　네, 알겠습니다.

조중래 　그러면 한계 효용 수치는 어떻게 계산하느냐? 이제 [자료] 12쪽(Toy Network 분석)으로 가죠. $U_m = (-0.03) \times T_m$이라고 돼 있잖아요. 그 T_m을 시간이 아니라 비용이라고 생각해보세요. 그러면 비용이 하나 올라갈 때 효용은 어떻게 돼요?

[**] 　국가교통DB의 자료를 근거로 계산한 값에 따르면, 전국권 버스의 재차인원 곧 영업 운행하는 버스의 전체 평균 탑승 인원은 약 11명/대, 수도권은 약 16명/대 수준이다. 이승헌 등, <예비타당성조사 수행을 위한 세부 지침 도로·철도 부문 연구>, KDI PIMAC, 2021, 291쪽.

• 분석의 전제 조건

– 도로지체함수   – 수단선택모형

$$T = T_0 \left[1 + 0.15(V/C)^4 \right] \qquad P_k = \frac{exp\ (U_k)}{\sum_m^n exp\ (U_m)}, U_m = (-0.03) \cdot T_m$$

– 통행 시간가치

Cost-Saving Approach	Consumer Surplus Approach
– 통행수단별 시간가치 적용 VOT(승용차) = 12,000(원/인·시간) VOT(버스) = 6,000(원/인·시간) VOT(지하철) = 6,000(원/인·시간)	– 통행목적별 시간가치 적용 – 수단별 가중평균 적용 $VOT = \sum_k P(k) \cdot VOT(k)$ P(k) = 수단 K의 분담률

–총통행량: 30,000통행/일

[자료] 12쪽. Toy Network 분석.

김상철　　비용이 하나 올라가면 효용은 -0.03.

조중래　　비용이 무엇이든 간에 비용 하나가 올라가면 효용은 -0.03, 즉 한계 효용은 -0.03이에요. 그러니까 파라미터 값인 -0.03이 바로 한계 효용이죠.

김상철　　지금까지의 이야기는 소비자잉여접근법에 관한 설명이죠? 혹시 교통수요를 분석하는 또 다른 방법은 없을까요?

조중래　　네, 소비자잉여접근법이었어요. 교통수요 분석에는 소비자잉여접근법과 비용절감접근법, 이 두 가지 방법밖에 없어요. 다른 방법은 없어요. 이건 이미 많이 연구된, 해외에서도 많이 연구된 사실이에요.

김상철　　근데 지금 소비자잉여접근법을 적용하는 사례가

그렇게 많지 않다는 말씀이고요.

　　조중래　　지금까지 들었잖아요. 이걸 공무원한테 설명한다고 상상해보세요.

　　김상철　　무슨 말인지 알겠습니다.

　　조중래　　전문가가 공무원한테 무언가를 설명해야 하는 상황이라면, 이미 불신당하고 있다는 뜻이에요. 그걸 견디지 못하니 이 방법을 안 쓰죠.

　　전현우　　의도적인 불신의 맥락이 있긴 하겠죠. 재정 당국 쪽에서.

　　김상철　　여기까지 설명을 들으니 선생님 속이 왜 터지는지 알 것 같습니다. 몰라서가 아니라, 또 방법론의 우열 문제가 아니라 사실은 편의적이네요.

　　조중래　　전문가들이 이 방법을 제대로 모르기도 해요. 경제학 베이스가 없어서.

　　전현우　　국토부에서 이 내용 발표하실 때 반응은 어땠나요? 도로국장의 반응이.

　　조중래　　다 좋다고 그러죠. 근데 그걸로 끝이죠. 학교에서도 다 좋다고 하죠. 그걸로 끝이죠.

　　전현우　　좋다고 감탄하고 나서 행동으로 안 된 게 문제네요. 그러면 뭐가 막혀서 그렇게 되었을까요?

조중래　스스로 어떻게 해야 할지를 몰라서죠. 경제학 베이스가 없는 사람이면 이론적으로 이해하기가 힘들거든요. 그런데 조금만, 하루 정도만 들여다보면 알 수 있는데 그걸 안 해요.

김상철　교통 연구하는 분들이 경제학 베이스가 부족하다면, 우리나라에 경제학 전공자도 매우 많잖아요, 그쪽에서 이런 모델링을 익혀서 설명해주면 될 텐데요.

조중래　경제학 쪽에서는 이 방법을 몰라요. 경제학은 알지만 이런 로짓모형(Logit model)은 모르죠.

김상철　분과 학문 체계에서 완전히 섬처럼 따로 있어서 그런가요?

조중래　네, 그러니 교통에 대해 이해를 못 하죠.

이제 [자료] 12쪽에 있는 '분석의 전제 조건'으로 넘어가죠. 도로지체함수 $T=T_o[1+0.5(V/C)^4]$라고 나오죠? 이건 통행량이 늘어나면 통행시간이 늘어난다는 설명이에요. V가 통행량이에요. T_o는 다른 차량이 도로에 하나도 없을 때 사람들이 자기 원하는 곳까지 가는데 걸리는 통행시간이에요. 그걸 자유통행시간(free-flow travel time)이라고 불러요. C는 캐퍼시티(Capacity), 즉 도로 용량이에요. 고속도로 같으면 보통 한 개 차선마다 최대 시간당 2,000대. 엄청나게 막히는 지점을 통과하는 차량 숫

$$T_a = T_{ao}\left\{1 + \alpha\left(\frac{V_a}{C_a}\right)^{\beta}\right\}$$

T_a : 링크지체시간

T_{ao} : 자유교통류통행시간

V_a : 링크 a 의 교통량 (대/시)

C_a : 링크 a 의 용량

α, β : 파라미터

도로지체함수. [자료] 12쪽에서 0.15를 α, 4를 β로 바꾼 것이며, α, β가 아래에서 논의될 파라미터이다.

자를 한 시간 동안 찍어보면 시간당 2,000대 선이 정점이라는 뜻이에요, 승용차 기준으로.• 아무튼 도로지체함수는 교통량이 늘어나면 통행시간이 얼마나 늘어나는지를 계산해요.

　　전현우　　이 숫자들(도로지체함수의 α, β)은 뭘까요?

　　조중래　　0.15(α), 4(β)?•• 이건 교통연구원에서 다 지정해

•　　성능이 유사한 승용차는 서로 약 1.8초 시격을 두고 도로상의 같은 지점을 지나갈 수 있다는 뜻. 차량의 크기가 크거나 동력 성능이 다르면 승용차보다 도로 공간을 더 많이 차지한다. 통상 버스가 승용차보다 2~3배, 소형 트럭이 2배, 중대형 트럭이 4배가량 차지하는 것으로 간주한다.

••　　이 값은 한국교통연구원이 실시하는 연간 통행량 통계에 근거한 국가교통DB 구축 사업의 결과로 제시된다. 본문에서 사용된 값은 2004년 기준 통행량 통계를 바탕으로 구축된 국가교통DB에서 제시한 값으로, 일반국도나 지방도에 모두 적용한다. 하지만 실제 통행에서의 지체 수준을 파악하는데 정확성이 낮아서 실제 계측치를 기반으로 보완해야 한다. 최근에 발행된 <제7차 개정 교통시설 투자평가지침>에 따른 파라미터는 도시부와 지방부를 구분하고 비고속도로에 대해 α는 0.5~0.8, β는 1.6~2.8 정도의 값을 부여하고 있다 (위의 지침 93쪽).

줘요. 어떤 도로에는 얼마를 쓰라고. 다 달라요. 도로 유형별로.

김상철　고속도로, 국도, 지방도, 이런 걸로 차이를 주는군요?

조중래　도로 유형이나 도로 속성에 따라서 다른 값을 써야 하는 자리죠.

그다음에 수단선택모형이 나오죠? 이건 아까 본 수식인데, 여기서 이제 비용을 빼고 시간만 활용해서 예제를 풀어볼게요. 이 방식으로 소비자 잉여의 변화를 보려면 각 통행의 시간가치가 필요해요. 통행시간 가치는 수단별로 다르게 적용돼요. 이 예제에서는 승용차 12,000원, 버스 6,000원, 지하철 6,000원. 일인당, 한시간의 가치가 이렇다는 말이에요. 비용절감접근법을 쓴다면 이 수단별 시간가치만 있으면 돼요. 그래서 지금 정부에서 수단별 시간가치만 제공하죠. 그런데 제대로 계산하려면 통행 목적별 시간가치가 있어야 해요. 정부에서 그건 발표를 안 하죠.* 소비자잉여접근법을 사용하지 않으니까. 보다시피 통행 목적별 시간가치는 수단별 시간가치의 가중평균을 적용해요.

---

*　목적별 OD통행 데이터는 국가교통DB 등을 통해 발표된다. 실제 예타에서는 업무통행(출장, 상용차 운전 등)과 기타(나머지 모든 목적) 통행을 나누어 그 가치를 평가하고 있으나, 업무통행은 대략적인 추정 비율을 활용해 추정하고 있을 뿐이다. 출퇴근 역시 비업무통행으로 계산하는 것이 현실이다.

전현우　그런데 수단별로 몇 명의 사람이 이용하게 될까요? 전체 통행이야 주어진다고 해도 말이죠. 수단선택모형으로 수단별 사람 수를 구하죠?

조중래　맞아요. 이 수단선택모형은 일종의 확률이에요. 대안이 2개 있을 때랑 3개 있을 때 등 대안의 수에 따라 그 구조가 바뀌죠. 전체 이용객이 균일하다고 가정하고, 이 사람들이 과연 두 지점 사이를 이동할 때 어떤 수단을 선택하는지 확률값을 구체적으로 구하는 수식이 바로 수단선택모형이에요.

김상철　아, 앞서 제가 궁금해했던 수단별 선택 확률값이 이 함수를 통해 결정되는군요.

새로운 대중교통수단 신설 사례

조중래　이제 [자료] 13쪽(Toy Network 분석 사례: 1)으로 넘어가면 '새로운 대중교통수단 신설(철도)' 사례가 나와요. 아래 두 선은 기존에 있던 도로와 버스전용차로이고 위의 검은 선은 신설되는 철도예요. 두 지점 간 거리를 도로, 버스전용차로, 철도 모두 10km로 똑같다고 가정했어요. 도로(Highway)는 편도 1차로에 도로 용량은 15,000대, 자유속도는 60km/h에요. 버스전용차로(HOV Line)와 철도(Railway)의 자유속도는 모두 35km/h. 여

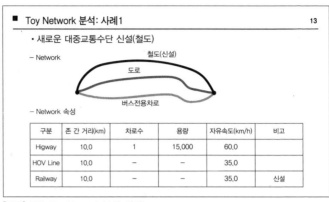

■ Toy Network 분석: 사례1

- 새로운 대중교통수단 신설(철도)

구분	존 간 거리(km)	차로수	용량	자유속도(km/h)	비고
Higway	10.0	1	15,000	60.0	
HOV Line	10.0	−	−	35.0	
Railway	10.0	−	−	35.0	신설

[자료] 13쪽. Toy Network 분석: 사례1.

기서 교통량이 변하면 속도가 변하는 건 도로밖에 없어요. 버스 전용차로나 철도는 교통량의 영향을 안 받으니까.

자, 이제 문제를 풀어보죠. 고속도로랑 버스전용차로만 있던 곳에 철도를 새로 까는 사업을 하면 상황이 어떻게 변할지 구하는 문제라고 해봅시다. [자료] 14-1쪽(Toy Network 분석: 사례1)은 비용절감접근법을 썼을 때 이 문제가 어떻게 되는지 보여주고 있어요. 사업 미시행 시, 즉 철도가 시행되기 전에는 승용차 통행량이 3만 통행 중 16,151통행이 나와요. 버스는 13,849통행 나오고. 이 값이 어떻게 나왔을까요? 계산할 수 있겠어요?

김상철　이건 그냥 조사해야 하지 않나요?

조중래　그렇게 대답하면 저 사람들한테 깨지는 거예요. [자료] 12쪽의 수단선택모형을 활용해서 실제로 계산할 수 있

• Cost-Saving Benefit

〈미시행 시 배정 결과 및 총통행시간〉

구분		V_0(trip/일)	분담률(%)	Time(분)
시행	Auto	16,151	53.8	12.02
	Bus	13,849	46.2	17.14

Auto Total Time: 16,151(trip/일) x 12.02(분) =194,135.02(분)
Bus Total Time: 13,849(trip/일) x 17.14(분) = 237,371.86(분)
Total Time: 431,506.88분

〈총 통행시간 변화 = (시행 시-미 시행시)〉
Auto Total Time 차이:
   119,390.25 - 194,135.02 = - 74,744.77(분)
Bus Total Time 차이:
   159,653.95 - 234,371.86 = - 74,717.91(분)
Rail Total Time 차이:
   159,653.95 - 0 = 159,653.95(분)
Total Time:
   438,742.35 - 431,506.88 = 7,235.47(분)

[자료] 14-1쪽. Toy Network 분석: 사례 1.

어야, 저 사람들이 어떤 근거를 가지고 이야기하는지 안다고 할 수 있어요.

전현우   먼저 도로지체함수로 도로의 차량 속도를 구해야 할까요? 그런데 이렇게 하려면 먼저 도로의 차량 통행량을 알아야 하네요.

조중래   여기서는 조사할 지역에 있는 비슷한 도로의 통행 속도를 가중평균 낸 값으로 도로의 속도를 설정하고, 그 속도가 나오는 차량 수를 차량 통행량이라고 보고 계산하기로 했어요.

전현우   네, 이제 총통행량에서 수단별 비율을 구해야 하는데….

조중래   일단 도로 용량은 하루 15,000대, 자유속도는

60km/h, 거리는 10km라고 했으니, 승용차 15,000대까지는 정체가 크지 않을 겁니다. 용량을 넘으면 걸리는 시간이 확 길어지고. 도로지체함수에서 지수가 있는 부분이 V/C, 즉 용량 대비 차량 대수라 그래요. 그런데 승용차는 12.02분 나오는 걸로 일단 설정합시다. 이 도시가 있는 지역에서는 그 정도 걸린다는 뜻이에요. [자료]12쪽의 도로지체함수($T = T_0[1 + 0.15(V/C)^4]$)에서 12.02분 걸릴 때 이 도로에 다니는 차량 대수를 구하는 건 쉽죠. 여기 이 V는 중학교 수학 정도 실력이면 구할 수 있어요. 16,151 통행이 왜 나오는지 한 번 구해 보세요. 그리고 총통행량은 정해져 있으니 나머지 사람들이 남은 수단인 버스를 이용한다고 보면 되죠. 분담률은 승용차와 버스 각각 53.8%, 46.2%. 그다음에 버스의 통행시간도 구해둬야 해요. 미시행 시 전체 통행시간은 어떤 접근법을 써도 필요하니까. 그런데 통행량과 관계없이 버스전용차로의 자유속도는 시속 35km잖아요. 10km 가는 데 몇 분? 계산기로 계산한 거 보여줘요.

김상철　네, 제가 지금 계산기로 확인했습니다. 17.142857 이렇게 나옵니다.

조중래　그러면 이 3만 명의 총통행시간이 이제 어떻게 되느냐? 승용차의 총통행시간을 구하면, 총통행량 16,151명이고 가는 데 걸리는 시간이 12.02분이잖아요. 그러니까 승용

• Cost-Saving Benefit

〈시행 시 배정 결과 및 총통행시간〉

구분		V_0(trip/일)	분담률(%)	Time(분)
시행	Auto	11,370.5	37.9	10.50
	Bus	9,314.7	31.0	17.14
	Rail	9,314.7	31.0	17.14

Auto Total Time: 11,370.5(trip/일) x 10.50(분) = 119,390.25(분)
Bus Total Time : 9,314.7(trip/일) x 17.14(분) = 159,653.95(분)
Rail Total Time : 9,314.7(trip/일) x 17.14(분) = 159,698.15(분)
Total Time: 438,742.35분

〈Cost-Saving Benefit〉

－Benefit = (74,744.77/60) x 12,000(원/시)
        = (74,717.91/60) x 6,000(원/시)
        = (-159,653.95/60) x 6,000(원/시)
        = 6,455,350(원/일)
－40년 현가 = 478.2(억 원)(할인율: 4.5%)

[자료] 14-2쪽. Toy Network 분석: 사례1.

차 통행자의 총통행시간은 194,135.02분. 버스는 13,849명에 17.14분을 곱하면 237,371.86분. 이걸 더하면 431,506.88분. 그럼 시행 시 철도가 들어간 상황에서 어떻게 되느냐? 똑같이 해서 대조하면 돼요. [자료] 14-2쪽 예제에는 철도가 더 들어있죠? 계산하니까 438,742.35분이 나오죠?

김상철   시간이 더 걸렸네요(미시행 시 431,506.88분). 비용절감접근법을 쓰니까 말이에요.

전현우   하지만 마지막 계산 결과(6,455,350(원/일))에는 편익이 발생한 것으로 나와 있군요.

조중래   약간의 반전이 있어요. 아까 승용차는 일인당 시간당 시간가치가 12,000원, 버스랑 철도는 6,000원이라고 했죠? 미시행 시 수단별 통행시간, 그리고 시행 시 수단별 통행시간에 이 시간가치를 곱하면 철도사업 시행이 미시행에 비해 얼마나 시간비용을 절감했는지 숫자로 제시할 수 있어요. 표를 보면 그 결과가 나오니 확인하길 바라고…. 승용차, 버스는 모두 시행이 미시행보다 통행시간이 줄었지만, 철도는 통행시간이 0이었다가 생겨났으니 비용이 새로 생긴 셈이에요. 묘하죠. 아무튼 총소요 시간은 늘었어요. 하지만 승용차의 시간가치가 더 커서 총편익은 6,455,350원, 시간가치 차이가 이렇게 작용합니다.

전현우　비용절감접근법으로는 도로의 정체가 해소돼서 편익이 발생했다, 이렇게 분석 결과를 요약할 수 있겠네요.

조중래　네, 철도를 시행했더니 도로에서 철도로 사람들이 넘어오기 때문에 도로 통행량이 줄어서 도로 통행 속도가 빨라졌다. 그래서 새로 생긴 철도가 아니라 도로에서 주로 편익이 발생했다, 이렇게 되죠.

김상철　맞습니다. 서울 우이신설경전철도 지상부의 도로 통행 속도를 가지고 편익을 계산했습니다. 지역 사람들이 왜 도로 속도 개선을 두고 경전철 편익을 내냐며 뭐라고 했죠. 그런데 지금 시의회에서는 실제로 도로 통행이 빨라졌느냐가 논쟁거리예요. 빨라지지 않았다는 거죠. 편익 계산이 엉터리였다는 뜻이에요.

조중래   실제로 구간별 통행시간이 얼마나 짧아졌느냐를 검토해보면 굉장히 미미해요. 근데 크게 나오는 이유는 통행량이 많기 때문이죠. 어떻게 계산하느냐에 따라 결과가 다르게 나와요. 우이신설경전철만 해도 수도권 전체를 놓고 분석했다고.

김상철   자가용을 운전하는 개인은 거의 체감하지 못하는데, 개인의 1분 차이에 총통행량을 곱하니까 어마어마해지는군요.

조중래   내가 볼 때는 급행 전철이라면 모를까, 아니라면 통행시간 절감 편익은 개인이 체감하기 힘들어요.

전현우   예타 보고서에서 확인할 수 있는 도로 통행량 절감 수준도 하루에 수백 대 수준이었습니다.

조중래   전국에 걸쳐 나오는 건 소프트웨어의 오류가 그만큼 크다는 말이고, 작은 구역에서만 효과가 나오는 건 소프트웨어의 정밀도가 그만큼 높다는 말이야.

김상철   사람들은 영향 범위가 넓으니까 더 좋다고 생각하나요?

조중래   아니, 자기들이 틀린 걸 알아요. 그런데도 할 수 없어서 그렇게 해요. 아까 차이는 미세하다고 했잖아요. 그런데 이렇게 넓은 구간에 적용해버리면 편익이 어떻게 나오겠어요?

김상철 　뻥튀기가 되겠네요. 어쨌든 규모를 키우면 편익을 늘리는 데 도움이 되겠네요.

조중래 　편익이 늘어날지 줄어들지 아무도 장담 못하지만, 엉터리 값이 나오는 건 확실하죠. 사람들이 그걸 알기에 '영향권'을 설정*해요.

전현우 　보고서에서 이 영향권을 노선 구조에 따라 서로 다르게 설정하는 걸 보고 왜 이렇게 설정하는지 궁금했던 기억이 납니다.

조중래 　뭐 어떻게든 할 수 있는데, 그 영향권 설정하는 방식 자체가 주먹구구라는 게 문제죠.

이 그래프를 봅시다. TOVA는 내가 만든 소프트웨어, S/W(A)는 기존에 있는 소프트웨어, S/W(B)는 외국 소프트웨어 가지고 분석한 결과예요. 이 그래프처럼 나오려면 Y축의 −12승이 넘는 상대적 격차(Relative-gap) 값이 필요해요. 그리고 이 그래프의 X축(Run-time)이 상대적 격차를 분석하기 위해 걸리는 시간이에요. 엄청 많이 걸려요. 근데 우리 소프트웨어(TOVA)는 20분 정도면 −12승 아래까지 떨어져요. 이걸 정확하게 분석 안

*　예타의 수요 분석에서는 실제로 분석 대상 노선으로 인해 통행량이 현저하게 변화하는 지역을 선정해 영향권으로 규정한다. 그리고 그 내부에서 사업의 시행으로 일어난 통행량 변화만을 분석해 결과에 반영한다. 이것은 소프트웨어의 한계로 인한 오류를 규약을 통해 극복하려는 선택이다.

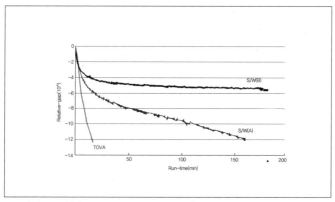

수도권 자료를 이용한 도로 통행배정 S/W 간 성능(수행시간 및 정밀성) 비교.

하면 막 엉망으로 나와요. 그러니까 -4승이나 -5승에서 끊어지면 분석 결과가 엉망으로 나와요. 근데 보세요. S/W(B)는 -12승까지 내려가지도 못해요. -6승 가까이에서 그냥 끝나버려요. 그리고 S/W(A)도 -12승까지 가는 데 170분 정도가 걸려요. 이 그래프는 굉장히 조그마한 네트워크를 대상으로 해요, 그런데 수도권 같은 네트워크의 경우 이 정도 가려면 10시간씩 돌려야 해요. 그럼 분석하는 사람이 10시간 붙잡고 있겠어요? 중간에 끊어버리죠. 그럼 어떻게 되느냐? 결과가 엉망으로 나오지.

　　전현우　　소프트웨어의 성능 차이라고 해야 할까요?

　　김상철　　아니면 일종의 연구 집단 편향이나 게으름으로 봐야 하나….

　　조중래　　그런 게 아니고 구조적으로 잘못되어 있어요. 분석하는 사람들한테 비용을 적게 주고 시간도 적게 줘요. 그러니까 분석하는 사람들한테 여유가 없어요.

김상철   이건 굉장히 중요한 문제 제기네요. 모델이나 방법론이 없어서가 아니라 조사 시간과 비용이 부족해서 생기는 구조적인 문제라면, 시민들에게는 말이 안 되는 얘기거든요.

조중래   예를 들어 철도사업 하나를 한다고 해봅시다. 예타만이 아니라, 사전 타당성 조사도 하고 본 타당성 조사도 해요. 사전 타당성 조사에는 수억 원씩 들이고 시간도 1년을 줘요. 그런데 예타로 가면 어떻게 되느냐? 3,000~5,000만 원. 예타는 딱 그렇게 정해져 있어요. 기간도 상대적으로 짧아요.* 그러니까 분석하는 사람이 어떻게 제대로 할 수 있겠어요? 엎친 데 덮친 격으로 분석하는 사람들 실력도 없고. 세 번째는 기술적인 한계, 즉 현재 쓰고 있는 소프트웨어의 한계. 세 가지가 다 맞물려 있어요. 내 소프트웨어를 왜 안 쓰냐고 그 사람들 탓할 수는 없어요. 왜냐하면 사람은 자기가 쓰던 소프트웨어를 사용

---

*   예비타당성조사 운용지침(기획재정부장관 훈령 제622호, 2022. 12. 20. 일부개정) 제39조에 예타 수행 기간이 명시되어 있다. 철도의 경우 타 사업보다 1/3 긴 기간 동안 수행할 수 있다. 통상 9개월(철도 12개월) 동안 수행하며 기간이 늘어지면 18개월(철도 24개월)까지 진행할 수 있다. 단, 시급한 조사수행이 필요하다고 판단한 사업에 대해서는 신속예타제도를 시행해 6개월(철도 9개월) 안에 예타 수행을 마무리하도록 하고 있다. 별도의 신속예타제도가 설정될 정도로 시간 압박이 극심하게 작용한다는 점을 확인할 수 있다.

하는 관성이 있거든.

김상철   그렇죠, 가장 익숙하니까요.

조중래   그렇죠. 그 관성을 벗어날 만한 압력을 만들기 위해서는 그만큼 외부에서 실질적인 관심이 필요해요. 그래서 나는 교통수요 분석 절차와 논리를 여러분이 숙지하고 목소리를 내야 한다고 생각하는 거예요.

아까까지는 비용절감접근법을 썼죠?

전현우   네. 아까 확인한 총편익 계산 결과는 하루에 발생하는 편익이죠? 철도는 수십 년, 수백 년 쓰이는 시설인데 이걸 합산해서 편익을 계산하는 절차가 필요하죠?

조중래   마지막에 40년 편익이라고 적었죠. 이야기한 대로 하루에 편익이 6,455,350원 생기잖아요. 1년 365일 동안 이 편익이 꾸준히 나오면 총 478.2억 원. 사회적 할인율을 4.5% 적용해 매년 발생하는 편익을 현재가치로 환산한 값이에요. 할인율**은 뭔지 알죠? 40년간 현재가치를 적용하면 478.2억 원이 나

**   미래 가치의 불확실성을 현재의 의사결정에 반영하기 위해 설정하는 계수. 인간의 수명은 유한하고 사회는 그러한 인간으로 구성되어 있으므로 미래에 실현될 가치는 현재의 가치보다 실현될 확률이 낮다. 이렇게 낮아질 확률은 실제 인간의 평균 수명은 물론 사회의 변화 속도에 따라 달라질 것이다. 이 확률의 저하가 바로 할인율이다. 사회적 할인율이란 사회 전체의 행위자가 공유하는 가치 실현의 확실성 저하 수준을 말한다. 철도나 도로에서는 장기 투자의 미래 가치를 평가할 때 널리 쓰이며, 최근의 기후 위기로 인한 미래 변화를 현재의 관점에서 평가할 때도 중요한 변수이므로 논란이 크다.

와요. 왜 40년으로 했느냐? 시설 수명이에요. 철도의 시설 수명 40년.

김상철   이렇게 하니 보고서 요약표에서 늘 보던 숫자와 비슷한 규모의 값처럼 나왔네요.

편익을 공급자가 아니라 소비자의 관점에서 보다

조중래   이제 [자료] 15쪽(Toy Network 분석: 사례1)에 있는 소비자잉여접근법을 사용해 봐야 해요. 결과가 엄청나게 차이 나요. 왜 그런지 잘 생각하면서 따라와 봐요. 시행 시, 미시행 시 수단별 통행분담률의 배정 결과는 똑같아요. 여기서 효용 계산은 간단해요. 통행시간 1분당 효용은 −0.03이라고 했잖아요. 그리고 통행시간도 도로는 도로지체함수를 통해, 버스는 단순 평균을 통해 쉽게 구했고. 한계 효용에 통행시간을 곱해봐요. 미시행 시([자료] 15-1쪽) 각 수단의 효용은 얼마죠?

김상철   이렇게 되는 거군요. 잠시 계산을…. 승용차는 −0.3606(-0.03×12.02), 버스는 −0.5142(-0.03×17.14)네요. 소요 시간이 길수록 효용 감소도 더 크네요.

조중래   실제로 풀어보지 않으면, 손을 놀려서 풀어보지 않으면 내가 누구랑 어떤 대안을 들고 싸워야 하는지 몰라요.

• Consumer Surplus Benefit

〈미시행 시 배정 결과 및 총통행시간〉   〈Change in Average Consumer Surplus〉

구분		V_0(trip/일)	분담률(%)	Time(분)
시행	Auto	16,151	53.8	12.02
	Bus	13,849	46.2	17.14

$$\Delta ACS(u) = \ln \left(e^{(-0.314858)} + e^{(-0.514286)} + e^{(-0.514286)} \right)$$
$$- \ln \left(e^{(-0.360488)} + e^{(-0.514286)} \right)$$
$$= -0.3996(u)$$

$U_A = -0.03 \times 12.02 = -0.36048$
$U_B = -0.03 \times 17.14 = -0.514286$

$$\Delta ACS(\text{분}) = \left(\frac{1}{MU_t} \right) \cdot \Delta ACS(u) = \left(-\frac{VOT}{MU_t} \right) \Delta ACS(u)$$
$$= \left(\frac{138.0}{0.03} \right) \cdot (0.3996) = 1,824.36(\text{원/통행})$$

[자료] 15-1쪽. Toy Network 분석: 사례1.

그럼 시행 시([자료] 15-2쪽), 즉 철도가 추가되었을 때 수단 세 가지의 통행분담률을 결정해 봐요.

전현우 $P_a = exp(U_a)/exp(U_a)+exp(U_b)+exp(U_c)$. 이 수식이네요. 먼저 통행 속도를 구해야 하는데…. 버스랑 철도는 똑같이 17.14분이고, 승용차는 용량이 적으니 10분인가요?

조중래   아니지. 도로지체함수의 이 V/C 부분이 0이 아닌 한, 즉 1대 이상이라도 통행량이 있으면 10분보다는 조금이라도 더 걸려요. 여기서는 30초 더 걸린다고 가정해 둡시다. 그렇게 되면 도로 통행량은 금방 구하죠? 11,371명 나올 거야. 한 대에 한 명 탄다고 가정했다는 거 다시 밝혀둘게요. 자, 그럼 철도나 다른 수단들 분담률은 얼마인지 구해봐요.

전현우   먼저 총통행은 3만 대로 변함이 없고…. 이 수

• Consumer Surplus Benefit

〈시행 시 배정 결과 및 총통행시간〉

구분		V_0(trip/일)	분담률(%)	Time(분)
시행	Auto	11,370.5	37.9	10.50
	Bus	9,314.7	31.0	17.14
	Rail	9,314.7	31.0	17.14

$U_A = -0.03 \times 10.50 = -0.314858$

$U_B = -0.03 \times 17.14 = -0.514286$

$U_R = -0.03 \times 17.14 = -0.514286$

$VOT = [(12,000 \times 0.38) + (6,000 \times 0.62) \div 60] = 138.0(원/분)$

〈Consumer Surplus Benefit〉

− Benefit = 1,824.36(원/통행) x 3,000(통행/일)
　　　　 = 54,730,810(원/일)

− 40년 현가 = 3,875.8(억 원)(할인율: 4.5%)

[자료] 15–2쪽. Toy Network 분석: 사례1.

식…그러니까 철도, 버스가 17.14분 걸리고 자동차가 10.50분 걸릴 때…철도 분담률은…엑셀로 식을 짜서 해보겠습니다. 식이 복잡해서 저는 손으로는 안 되네요.

조중래　문과생들이 대부분 말만 가지고 때우려고 하니까 아무래도 약해요.

전현우　구했습니다. 철도를 택할 확률이란 곧 이거잖습니까? 대입해 보니 승용차가 37.9%, 버스와 철도가 같은 31.05%군요.

$$\frac{exp\,(\text{철도 선택의 효용})}{exp\,(\text{버스 선택의 효용}) + exp\,(\text{승용차 선택의 효용}) + exp\,(\text{철도 선택의 효용})}$$

조중래　지금 쓴 게 이른바 로짓모형이에요. 여러 선택지 사이에서 사람들이 선택할 확률을 나타내는 데 널리 쓰이는 확률 모형이에요. 이렇게 구한 선택 확률을 활용하면 아까 얻은 승용차 통행량 외에 철도와 버스 통행량도 구체적으로 구할 수 있어요.

　전현우　네. 승용차 통행은 5,000명(16,154-11,371), 버스는 4,000명(13,849-9,315) 정도 줄고, 철도 이용객이 9,000명(9,315) 정도 생겼네요.

　조중래　이제 이 통행량으로 효용 변화를 구해야죠. 이 식 (ln(미시행 시 이용자 효용))-ln(시행 시 이용자 효용))이에요. 여기에 사람 수 3만 명을 곱하면 되지. 엑셀에 함수 잘 있죠? 계산기에도 있어요. 여기서 ln를 쓰는 건 식을 단순화하라는 연산이라고 보면 돼요. 밑이 e인 지수함수에 밑이 e로 같은 로그함수를 다시 씌우라는 거니까 지수만 남지.

　전현우　예. 지수와 로그는 서로 반대 개념이죠. 효용 변화를 구해 보니 0.396628정도.

미시행	시간(분)	선택확률	통행량	승객당 효용
버스	17.14286	0.46164	13,849	−0.51429
승용차	12.01808	0.53836	16,154	−0.36054

시행	시간(분)	선택확률	통행량	승객당 효용
버스	17.14286	0.310491	9,315	−0.51429
승용차	10.49536	0.379017	11,371	−0.31486
철도	17.14286	0.310491	9,315	−0.51429

　조중래　이제 이 효용은 단위가 없다는 데 주목해야 해요.

이걸로는 편익 계산을 못 하지. 돈으로 바꿔야 하는데, 여기서 시간가치를 사용해요. 수단별로 시간당 가치는 이미 정해 놨어요. 분당 가치도 있고. 이걸 가중평균한 시간가치를 써야 해요.

	원/시간	원/분
버스 시간가치	6,000	100
승용차 시간가치	12,000	200
철도 시간가치	6,000	100

김상철　왜 가중평균한 가치를 쓰는지 알듯 말듯 합니다.

조중래　지금 구하는 효용 변화가 한 사람 기준이라 그래요. 그러니까 로짓모형은 같은 사람이 선택지 사이에서 선택할 확률을 계산하기 위한 것이고, 수단분담률은 결국 이 확률이에요. 3만 명이 다 같은 사람이라고 일단 가정해 놓았으니까, 이 확률에 3만 명을 곱해서 사람 숫자를 구하는 거고. 가치도 마찬가지로 봐야 해요. 같은 사람이 A랑 B 사이를 오갈 때 세 가지 선택지가 있고, 이 선택지 각각을 취했을 때 버려야 하는 시간의 가치를 계산해서 합한 게 가중평균이지. 가중평균 기준은 각각의 수단을 택할 확률 곱하기 분당 수단 가치야. 계산해 봐요.

전현우　$(0.3105 \times 100) + (0.3790 \times 200) + (0.3105 \times 100) = 137.9$원입니다.

조중래　자, 이제 소비자 잉여를 구할 수 있게 됐어. 아까 구한 효용 변화량을 시간가치와 그냥 곱하면 안 되고 시간가치를 분당 한계 효용으로 나눈 값을 효용 변화량과 곱해야 해. 식으로 쓰면 '철도 추가 대안의 소비자 잉여=(−1×분당 시간가치)/(통행 시간의 한계 효용×효용 변화)'야. −1을 붙이는 건 부호를 바꿔주려고 그래. 지금 필요한 건 화폐 가치이므로 음의 값은 무의미하지. 새 철도 건설의 가치를 판단하기 위해서는 그렇게 줄어든 시간의 가치가 얼마나 되는지 절댓값이 필요하니까. 분당 시간가치를 1분의 한계 효용으로 나눠주는 부분은 효용을 화폐 가치로 변환하기 위한 계수 부분이에요. 그러니까 1분당 사람들이 손해 본다고 여기는 138원은 효용으로 치면 −0.03과 같아요. 이건 한계 효용이 얼마인지, 1분당 시간가치가 얼마인지에 대해 앞서 약속했기 때문에 나오는 결과야. 사실은 분모와 분자가 모두 서로 다른 수치로 나타낸 1분의 가치인 셈이에요. 이걸 효용 변화 0.3966과 곱하면, 이 변화가 얼마나 되는 돈과 같은 크기인지 알 수 있다는 식이지. 이제 계산 금방 할 수 있지?

전현우　네. −1×138/−0.03×0.3966=1,823원 정도 나오네요.

조중래　그게 우리 사례에서 철도 신설됐을 때 선택지가 늘어서 통행자 한 사람이 하루에 얻는 편익이에요. 이제 3만 명 통행이 가니까 곱하면 54,730,810원이 나오잖아요. 그걸 40년 평가로 바꾸면 3,875억 원이 나오고. 할인율 적용하는 계산은 생략할게요. 할인율 자체는 똑같이 4.5%. 오히려 계산은 소비자잉여접근법이 간단해요. 그렇게 보면 편익 계산 결과가 어떻게 나오느냐, 몇 배가 나와요?

김상철　8배 정도 나오는 것 같은데요.

조중래　비용절감접근법으로는 478억 원인데 소비자잉여접근법 사용하면 3,875억 원. 왜 이렇게 8배 나오느냐? 통행시간이 긴 철도가 들어갔기 때문이에요. 이 계산 과정을 알아야 나머지 뒤에 사례 분석도 쉽게 넘어가요. 안 그러면 몰라요.

김상철　어쨌든 결과로만 놓고 보면, 비용절감접근법과 소비자잉여접근법의 편익 결과 차이가 너무 많이 납니다. 사람들은 분명 그 이유를 궁금해할 거예요.

조중래　왜 이렇게 많이 차이가 날까? 그 질문은 바꿔 말하면 '비용절감접근법은 왜 이렇게 편익이 적게 나올까?'죠. 사람들이 새로운 수단에 지불할 의사가 있는 가격이 그만큼 높아요. 철도라는 수단이 생기면, 사람들이 타려는 의지가 그만큼 강할 거라고 이미 모형을 정부에서 결정해 놓았다는 얘기죠. 비용절감접근법을 쓴다면, 아까 보았듯 사람들이 철도를 많이 타면 탈수록 편익이 줄어요. 왜냐하면 사람들이 철도를 많이 탄다는 건 통행시간이 빠른 교통수단에서 통행시간이 느린 교통수단으로 옮겨 갔다는 말이니까. 그런데 소비자잉여접근법으로 하면 철도를 많이 타면 탈수록 편익이 늘어나는 결과가 나오죠.

　　김상철　그렇게 이해하니까 확 느낌이 오네요. 이게 결과적으로 어떤 정책적 영향을 미치는지.

　　조중래　논리적으로도 보세요. 사람들이 저 새로운 철도를 많이 탄다는 결과가 나왔어요. 그런데 그런 선택이 비합리적이라는 거예요, 비용절감접근법을 사용하면. 이렇게 느린 수단을 많이 탈수록 편익이 줄어들어 버리죠. 많이 타면 많이 탈수록 사회적으로 안 좋은 결과가 나와요. 아니, 사람들이 원한다는데 이게 말이 되냐고! 그런데 비용절감접근법은 그런 상황을 만들어요.

　　김상철　쉽게 말해 승용차 버리고 기차 많이 탈수록 사회적 손실이다….

　　조중래　특히 철도의 통행 속도가 저속일수록 그렇죠. 그런데 소비자잉여접근법을 사용하면 많이 타면 많이 탈수록 편익이 늘어나요. 그 차이예요, 기본적으로.

　　김상철　이 속도라는 요인이 정말…. 비용절감접근법과 소비자잉여접근법의 결과 차이가 크게 나는 이유의 근본에는 속도 중심의 편익 계산법이 있었네요.

첫째 날과 둘째 날 인터뷰를 마치고 한 달 가까이 공백이 생겼다. 조마조마했다. 다시 연락이 닿아 선생 댁에 도착했을 때 그동안 한 번도 뵙지 못한 선생의 아내와 아들 한 분이 계셨다. 요양 목적으로 거주하는 집에 식구들이 있다는 것은 그럴 필요가 생겼다는 뜻이어서 죄송한 마음이 앞섰다. 그래도 "다른 것은 몰라도 구술 작업은 마치고 가야겠다"라며 잡은 인터뷰라서 뻔뻔하게 이야기를 청했다. 선생은 자기 짐을 정리한 방을 오가면서 몇 가지 자료를 보여주었고 개조식으로 정리한, 하지만 발표하지 못한 원고의 초고도 내놓았다.

셋째 날과 뒤이어 나올 넷째 날의 인터뷰는 시민용 교양서적에 맞지 않는 내용일지 모른다. 두 번이나 선생에게 직접 설명을 들은 나도 정신을 집중해야 내용을 쫓아갈 수 있을 정도로 쉽지 않았다. 하지만 선생은 이 내용을 파악해야 교통전문가들이 현재 사용하는 모델이 정확해서가 아니라 단지 쉬워서 선택되었다는 것을 이해할 수 있다고 강조했다. 즉 경합하는 방법론에서 특정한 방법론을 택한 이유가 뛰어난 설명력과 현실 정합성이 아니라, 가장 직관적인 숫자를 내놓기 때문임을 이해하길 바랐던 것이다.

이야기 중간중간에 선생이 우리에게 몰아치듯이 지청구하는 장면이 많다. 이 쉬운 것을 왜 이해하지 못하느냐는 눈총을 받을 때는 '과연 그대로 책에 넣을 수 있을까?'라는 생각마저 들었다. 하지만 선생의 목소리를 다시 듣고 문자로 쓰인 선생의 말을 곱씹으니 자세하게 설명하기 위해 애쓰셨다는 생각이 들었다.

다시 강조하지만, 셋째 날과 넷째 날의 핵심은 모델링을 익히는 데 있지 않다. 중요한 것은 언론에서 특정한 교통사업에 경제성이 있다고 보도할 때 과연 그 판단이 임의로 전제하는 논리가 무엇인지를 알 필요가 있다는 점이다. 즉, 비용·편익분석 모델을 비판의 도구로 이해하자는 것이다.

2022년 4월 9일

넷째 날

조중래 선생 댁

교통시설 투자 편익 분석
워크숍 (2)

셋째 날 녹음 바로 다음 날인 토요일에 다시 선생을 찾았다. 서로 오늘이 마지막임을 알고 있었다. 다소 무리해서라도 이야기를 어느 정도 매듭짓자고 합의하고 인터뷰를 시작했다.

교통수단의 선택은 시간으로만 결정되지 않는다

조중래   내가 학생들한테 강의할 때 맨날 "공부라는 게 전부 상식에 포함된다"라고 말해요. 문자로 바꾸고 숫자로 바꾸면 굉장히 어려운 것 같지만 내용을 들여다보면 다 상식이라고. 그러니 어렵게 접근할 필요가 하나도 없다고. 내가 어제 설명한 내용도 마찬가지예요.

전현우　파편적으로 알고 있는 내용을 제대로 정리하는 일 역시 쉽지는 않은 것 같습니다. 어제 논의한 초기 승용차 통행량 문제 같은 경우도 그랬어요. 통행시간 값을 관찰 데이터와 연결하느냐, 통행량 값을 관찰 데이터와 연결하느냐 사이에서 선택해야 했었지요? 이런 식으로 많은 선택이 모형에서 이뤄지고 이 선택의 이유를 차근차근 생각해봐야 한다는 점에서 역시 많은 생각이 필요한 것 같습니다.

조중래　그래요. 이야기한 초기 승용차 통행량 구하는 문제부터 이야기해보죠. 일단 자유통행속도를 설정한 다음, 그 속도가 유지된다고 가정하고 초기 통행량을 낼 수 있어요. 아니면 검토하려는 지역의 현재 통행 속도를 집어넣어 초기 통행량을 낼 수도 있고.

전현우　현재 어느 쪽이 더 많이 쓰일까요?

조중래　뒤쪽을 많이 쓰죠. 물론 어느 쪽을 선택하든 단점이 없다고 할 수는 없어요. 어느 쪽을 선택하든, 실제 교통 상황과 모형의 계산 결과를 맞추기 위해 상수를 찾아야 하죠. 상수의 정확도를 올리려면 계속 데이터를 집어넣고 계산을 반복하

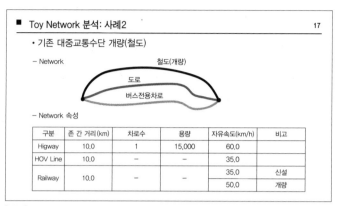

- 기존 대중교통수단 개량(철도)

  — Network

  철도(개량)

  도로

  버스전용차로

  — Network 속성

구분	존 간 거리(km)	차로수	용량	자유속도(km/h)	비고
Higway	10.0	1	15,000	60.0	
HOV Line	10.0	–	–	35.0	
Railway	10.0	–	–	35.0	신설
				50.0	개량

[자료] 17쪽. Toy Network 분석: 사례2.

는 방법밖엔 없어요.

전현우   그런 과정을 통해 상수가 특정 값으로 수렴하게 될 것을 기대하면서 작업을 계속한다고 볼 수 있겠네요.

조중래   네.

김상철   어제는 철도 신설 관련 사례1([자료] 15쪽)을 했습니다. 이제 두 번째 사례([자료] 17쪽)에 관해 설명해주시면 될 것 같습니다.

조중래   사례1은 35km/h짜리 철도를 건설한 거였죠. 사례2는 사례1 상황에서 한 발 더 나갑니다. 철도의 속도를 50km/h로 높였어요. 더 빠른 새 차량을 샀거나 선로를 개량했다고 생각하면 돼요. 아무튼 사례1에서 미시행 시 선택할 수 있는 대안이 몇 가지 있었죠?

전현우 두 가지였죠.

조중래 네, 도로하고 버스전용차로. 그런데 사례2에서는 사업 전 대안, 즉 미시행 시 대안이 몇 가지예요?

김상철 세 가지입니다.

조중래 세 가지죠. 사업 후 대안, 즉 시행 시 대안은 몇 가지예요?

전현우 개량으로 예전 열차가 전부 다 빨라지는 거죠? 그럼 세 가지네요.

조중래 네, 사업 후 대안도 세 가지죠. 근데 사례1의 사업 후 대안도 세 가지였어요. 똑같죠. 차이가 뭐예요? 속도만, 철도의 속도만 차이가 나죠. 그러니까 철도의 속도만 바꿔가지고 계산 돌리면 돼요.

앞부분을 이해했다면 [자료] 18쪽(Toy Network 분석: 사례2)의 계산도 이해할 수 있어요. 단지 사례1의 미시행 시 대안은 승용차와 버스 두 가지인데, 사례2에서는 승용차(Auto), 버스(BUS), 철도(Rail), 이렇게 세 가지가 됐죠. 계산은 이미 앞에서 한 방법을 그냥 그대로 따라가면 돼요([자료] 18-1쪽). 다만, 사례2의 시행 시 배정 결과 및 총통행시간([자료] 18-2쪽)은 철도의 속도가 사례1의 35km/h가 아니라 50km/h로 향상되었으니까 효용을 다시 계산할 필요는 있어요. 이걸 계산할 수 있어야 해. 그러면

• Cost–Saving Benefit

〈미시행 시 배정 결과 및 총통행시간〉

구분		V_0(trip/일)	분담률(%)	Time(분)
시행	Auto	11,370.5	37.9	10.50
	Bus	9,314.7	31.0	17.14
	Rail	9,314.7	31.0	17.14

Auto Total Time:
     11,370.5(trip/일) x 10.50(분) = 119,336.87(분)

Bus Total Time:
     9,314.7(trip/일) x 17.14(분) = 149,681.17(분)

Rail Total Time:
     9,314.7(trip/일) x 17.14(분) = 149,681.17(분)

Total Time: 438,699.21분

〈총통행시간 변화 = (시행 시－미시행 시)〉

Auto Total Time 차이:
     112,886.31 － 119,336.87 = － 6,450.57(분)

Bus Total Time 차이:
     151,900.56 － 159,681.17 = － 7,780.61(분)

Rail Total Time 차이:
     125,008.98 － 159,681.17 = － 34,672.19(분)

Total Time: 389,795.85 － 438,699.21 = 48,903.36(분)

[자료] 18–1쪽. Toy Network 분석: 사례2.

A에서 B로 철도로 이동하는 시간이 얼마죠?

　　김상철　　원래 17.14분이던 시간이 12.14분으로 바뀌었습니다.

　　조중래　　그래요. 속도가 올라가면 효용 감소도 줄어드니 사람들이 철도를 선택할 확률도 올라가겠죠? 분담률이 올라간다는 말이지. 미시행 시 철도 분담률은 31%였는데 계산해 놓은 거 보면 34.3%죠? 통행 숫자도 마찬가지로 9314.7에서 10,294.9로 올라갔지. 그것만 바뀌었어요. 자, 그런데 지금 사례1의 가중평균 시간가치보다 사례2의 가중평균 시간가치가 더 작아졌죠? 왜 그럴까요?

　　김상철　　그러네요. 138원/분([자료] 15쪽의 VOT)에서 136.1원/분([자료] 19쪽의 VOT)이네요.

• Cost-Saving Benefit

〈시행 시 배정 결과 및 총통행시간〉

구분		V_0(trip/일)	분담률(%)	Time(분)
시행	Auto	10,844.3	36.2	10.41
	Bus	8,860.9	29.5	17.14
	Rail	10,294.9	34.3	12.14

Auto Total Time:
    10,844.3(trip/일) x 10.41(분) = 112,886.31(분)
Bus Total Time:
    8,860.9(trip/일) x 17.14(분) = 151,900.56(분)
Rail Total Time:
    10,294.9(trip/일) x 12.14(분) = 125,008.98(분)
Total Time: 389,795.85분

〈Cost-Saving Benefit〉

- Benefit = (6,450.57/60) x 12,000(원/시)
      = (7,780.61/60) x 6,000(원/시)
      = (32,672.19/60) x 6,000(원/시)
      = 21,503,510(원/일)

- 40년 현가 = 1,522.8(억 원)(할인율 : 4.5%)

[자료] 18-2쪽. Toy Network 분석: 사례2.

조중래   왜 이렇게 떨어졌는지 설명해야 저 사람들한테 깨지지 않지.

김상철   속도가 빨라져서 그런가요?

조중래   속도가 빠른 승용차에서 속도가 느린 철도로, 철도의 분담률이 높아졌잖아요. 그런데 수단별로 시간가치가 다르다고 앞서 가정했죠? 이런 상황에서 시간가치가 다른 수단으로 사람들이 넘어가면 전체 이동 인원의 가중평균 시간가치도 달라져요. 승용차의 시간가치가 12,000원이었는데 그걸 가지고 있던 사람이 철도로 넘어왔어요. 그럼 그 사람의 시간가치가 얼마가 돼요? 6,000원이죠. 이게 또 하나의 이슈예요. 똑같은 사람이고 똑같은 시간인데 그 사람이 승용차를 타면 시간가치가 12,000원이고, 철도를 타면 6,000원이에요. 현재 쓰는 방법으로 하면 이렇게 되죠.

전현우　혹시 이게 대중교통을 체계적으로 저평가하는 방법 아닌가 하는 생각이 듭니다.

조중래　사람이 아니라 교통수단 기준으로 시간가치를 계산해서 그래요. 대중교통 이용하는 사람은 무조건 못사는 사람, 자가용 이용하는 사람은 무조건 잘사는 사람이라고 전제하고요.

김상철　네, 저희가 느끼는 일종의 불쾌함도 딱 그래서인 것 같습니다.

전현우　불쾌함이라는 감정적 표현에서 더 나아갈 필요가 있습니다. 참조할 만한 철학 논의가 있어요. 비용편익분석에 대한 가장 흔한 비판이 이런 식입니다. 가령 선진국에서 저개발국으로 쓰레기를 수출한다고 해보죠. 두 나라는 오염에 대한 지불의사가 다릅니다. 그래서 쓰레기 수출이 지구 전체적으로는 사회적 편익이라는 주장이 가능하죠. 이런 주장을 과연 옹호할 수 있느냐? 이게 실제로 첨예한 문제죠.

지금 우리가 본 시간가치 역시 유사한 문제 구조로 되어 있다고 생각해요. 대중교통 타는 사람의 지불의사가 승용차 타는 사람보다 낮으면 대중교통 개선의 경제성은 도로 개선보다 낮게 평가되고, 결국 어떤 방식으로 계산하든 편익 또한 작게 나오겠죠. 결국 대중교통 투자보다는 승용차를 위한 투자가 높은 사회적 편익을 가지도록 모형을 설정해 놨다는 거죠. 일종의 기울어진 운동장이랄까요? 마치 선진국 쓰레기를 오염에 무덤덤한 저개발국에 버려서 저개발국은 더욱 큰 오염에 죽어가는 것처럼, 지불의사에 근거해 대중교통 타는 사람의 시간가치를 낮게 평가하는 건 대중교통과 승용차의 격차를 계속해서 벌리겠죠. 대중교통 이용객이 승용차 이용객보다 뒤처지는 게 당연하다는 생각 없이는 나올 수 없는 평가 방침이라고 생각합니다.*

조중래　음, 자료로 돌아오죠. 우리가 지금 먼저 비용절감 접근법을 사용한다는 걸 잊지 말고. [자료] 18쪽의 총통행시간 변화를 보면 자가용 통행시간이 미시행 시 10.50분에서 시행 시 10.41분으로 줄었죠. 이렇게 줄어들어요, 소수점 이하로. 그런데 이런 변화를 사람들이 인지할 수 있느냐?

김상철　못 하죠.

조중래　그런데 그게 편익으로 계산돼요.

김상철　하지만 자동차 통행량이 많으면, 이 소수점 이하의 시간도 매우 크게 가산될 수밖에 없겠네요.

조중래　이게 0.1이 줄었는데, 아니 0.1도 아니지, 0.09 줄

---

* 　다음 저술을 참조할 가치가 있다. 다니엘 하우스만·마이클 맥퍼슨, 주동률 옮김, 《경제분석, 도덕철학, 공공정책》, 나남, 275~293쪽.

었는데 통행량이 곱해지니까 무시 못 할 정도로 커져 버려요. 편익 계산이 이런 식으로 돼요. 그렇다면 이런 의문이 생기죠. 저 미세한 시간 차이를 우리가 인지할 수 있는가, 그걸 편익이라고 볼 수 있는가? 그런데 이런 의문을 제기하면 저쪽에선 이렇게 반론할 수 있어요. '총평균이다.'

전현우 이 시간 차이, 0.09~0.1분 정도인데 편익에 미치는 영향이 생각보다 크네요. 비용절감접근법에 따라 계산한 편익 가운데 자동차 통행자들이 이렇게 몇 초 아껴서 얻은 이익이 20% 가까이 되네요.

조중래 여기까지 됐죠? 이제 시간 변화를 활용한 편익은 어떻게 되느냐? 계산한 그대로. 승용차(119,336.87-112,886.31)가 6,400분 감소했지? 그 시간을 시간당 12,000원으로 계산하면 감소한 시간의 가치를 계산할 수 있어. 버스는 시간이 7,700분(159,681.17-151,900.56) 줄었네. 버스 시간이 감소한 이유는 뭐예요? 통행량이 줄었기 때문에. 거기다 시간당 6,000원 곱해주면 되고. 철도도 감소이지. 왜냐하면 통행량은 늘었지만, 통행시간이 줄었으니까. 그래서 총편익 40년 현재가치가 1,522억 원, 이게 비용·절감접근법에 따라 계산한 편익이에요.

사례1의 철도가 신설됐을 때 편익이 얼마였어요? 비용절감접근법으로 분석하면 478.2억 원이었죠([자료] 14-2쪽). 그런데 철도를 속도 개량하니까 편익이 얼마가 됐어요? 1,522.8억 원이 됐죠([자료] 18-2쪽). 이걸 주목하세요. 엄청 많이 차이 나죠. 왜 이런 현상이 벌어질까요?

전현우 과거에 존재했던 기차 속도가 올라간 게 가장 크게 작용했네요. 결국 시간 감소가 가장 절대적으로 평가되는….

조중래 이게 논리적으로 모순이란 말이죠. 철도 신설하는 데 돈이 훨씬 많이 들어가잖아요. 근데 신설보다 개량할 때 편익이 훨씬 커진다? 속도만 가지고 평가하기 때문에 이런 결과가 나와요.

전현우 어쨌든 아예 없던 노선이 생기는 건 주민에게는 환영할 만한 일이죠. 새로운 급행열차는 역시 새 노선보다는 효과가 제한됩니다. 사실 기존 단거리 이용객이라면 손해를 볼 수도 있고요.

김상철 앞으로는 어떨까요?

조중래 계속될 수 있죠. 불가능한 일이 아니죠.

전현우 이제 소비자잉여접근법([자료] 19쪽)을 어떻게 진행하는지 확인할 차례네요.

조중래 소비자잉여접근법의 계산 방법은 어제 했던 것과 같아요. 그래서 분담률이나 효용 값 계산하는 방법은 똑같고, 수단별 시간가치야 분석의 가정이지. 이동 시간은 비용절감접근법과 똑같으니 생략하죠. 분담률, 가중평균 시간가치, 그리고 효용 변화를 이들 값을 활용해 통행당 가치로 변환하는 게 중요했지?

전현우 시행 시 철도 분담률이 34.3%로 올라갔고 가중평균 시간가치는 136.1원입니다. 그리고 분당 효용은 −0.03으로 똑같으니까 수단별 효용은 표와 같아요. 이걸 다음 식 'ln(미시행 시 이용자 효용)−ln(시행 시 이용자 효용)'에 따라 계산하면 ($In(e^{(-0.51429)} + e^{(-0.31486)} + e^{(0.51429)})$ $-In(e^{(-0.51429)} + e^{(-0.31229)} + e^{(-0.36429)})$) 0.4217입니다.

미시행	시간(분)	분담률(%)	통행량(통행)	수단별 효용
버스	17.14	31.0%	9,315	−0.51429
승용차	10.50	37.9%	11,371	−0.31486
철도	17.14	31.0%	9,315	−0.51429
시행	시간(분)	분담률(%)	통행량(통행)	수단별 효용
버스	17.14	29.5%	8,861	−0.51429
승용차	10.41	36.2%	10,844	−0.31229
철도	12.14	34.3%	10,295	−0.36429

조중래 그래요. 이렇게 나온 효용 변화가 돈으로 얼마나 되는지 계산해야지. 어제 기억하지? 효용 변화를 화폐 가치로 변환하려면?

전현우 분당 지불의사를 분당 효용으로 나눈 값을 효용 변화 값으로 곱해야 했습니다. (136.1/0.03)×0.4217이죠?

• Consumer Suplus Benefit

〈시행 시 배정 결과 및 총통행시간〉

구분		V_0(trip/일)	분담률(%)	Time(분)
시행	Auto	10,844.3	36.2	10.41
	Bus	8,860.9	29.5	17.14
	Rail	10,294.9	34.3	12.14

$U_A = -0.03 \times 10.41 = -0.312293$
$U_B = -0.03 \times 17.14 = -0.514286$
$U_R = -0.03 \times 12.14 = -0.364286$

VOT= [(12,000 × 0.362) + (6,000 × 0.638) ÷ 60 = 136.1(원/분)

〈Consumer Surplus Benefit〉

−Benefit = 1,9139.91(원/통행) x 30,000(통행/일)
= 57,417,363(원/일)
− 40년 현가 = 4,066.1(억 원)(할인율 : 4.5%)

[자료] 19–2쪽. Toy Network 분석: 사례2.

　　조중래　　그래요. 일인당 1통행당 1,913원이죠? 앞의 [자료] 15-1쪽에는 지금 미시행 시와 같은 대안에서 일인당 1통행당 편익이 얼마로 나와 있죠?

　　전현우　　1,824원입니다.

　　조중래　　그래. 한 90원 차이 났죠? 여기에 3만 명을 곱하고 할인율 일정하게 적용해서 미래 40년 동안 얼마 나오는지 계산한 게 사회적 편익이야. 그렇게 계산한 값이 약 4,066억 원. 그런데 사례1에서 새로 철도를 신설했을 때 나오는 편익이 3,875억 원([자료] 15-2쪽).

　　그럼 이제 비용절감접근법 적용했을 때랑 소비자잉여접근법 적용했을 때 어떻게 되는지 확인해 봐. [자료] 20쪽을 봐요. 이게 몇 배 차이 나냐면, 비용절감접근법은 40년 현재가치가

■ Toy Network 분석: 사례2

- 편익 분석 결과 비교

  – 수요 분석 결과

구분	미시행	시행	증감
Auto	11,370.5(38.0%)	10,844.3(36.2%)	−526.2(−1.8%)
Bus	9,314.7(31.0%)	8,860.0(29.5%)	−453.8(−1.5%)
Rail	9,314.7(31.0%)	10,294.9(34.3%)	980.2(3.3%)

  – 편익 산정 결과 비교

구분	Cost-Saving Benefit	Consumer Surplus Benefit
편익(만 원/일)	2,150	5,742
40년 현가(억 원)	1,522.8	4,066.1

[자료] 20쪽. Toy Network 분석: 사례2.

1,522억 원, 소비자잉여접근법은 4,066억 원이야. 한 2.5배 정도 차이 나지. 사례1은 한 10배 차이 났나?

　　김상철　　8배(478.2억 원 : 3,875.8억 원) 정도였습니다. 새로운 선택지가 생기는 게 상식적으로는 더 편익이 커야 하는데, 속도를 빨리하는 쪽 편익이 서너 배 정도 크게 나와버리네요.

　　조중래　　그래요. 모든 게 똑같은데, 편익을 어떻게 집계할 것인지 계산하려는 접근법만 바꿔도 이렇게 엄청난 차이가 나. 그래서 이렇게 큰 차이가 왜 나는지 하나하나 계산해 보는 게 중요해요. 손으로, 계산기만 있다면 계산할 수 있어요. 정 안 되면 엑셀의 힘을 빌리든지. 실제로 사람이 이걸 이해하려면, 손으로 계산하는 예제를 주고 풀어보게 하는 게 안에 돌아가는 논리 구조를 파악하는 데 제일 효과적인 방법이에요. 자기가 직접 해보고 손으로 계산해 봐야 '아, 이게 논리적으로 이렇게 되는구나'를 알지, 그냥 설명만 듣고 '이게 이렇게 이렇게 된다. 아, 그래 그래 그래 맞겠다'라고 해가지고는 자기 것도 안 되고, 저들과 싸웠을 때 깨질 뿐이에요.

김상철　우리 단체도 이 공부하게 되면 선생님 사례 참조해서 예제 한두 개를 제공해도 되겠네요.

전현우　엑셀 파일로 식을 제공하고, 홈페이지 만들어서 업로드하고, 나중에는 예제를 푸는 동영상도 올릴 수 있다고 생각합니다.

행정은 복잡함보다 단순함을 선호한다

김상철　비용절감접근법과 소비자잉여접근법의 차이가 이렇게 분명하다는 점이 시사하는 바가 뭘까요? 제가 만약 의사 결정권을 가진 관료라고 했을 때 두 방법론 중 어느 하나를 선택하는 동기나 이유가….

조중래　그 핵심이 아까 선택모형에 있다고 했잖아요. 새로운 교통수단이 기존의 이동 방법보다 시간이 더 걸린다고 할 때, 과연 새로운 교통수단을 선택하지 않겠는가? 비용 절감 문제로만 접근하면 발생할 수밖에 없는 문제.

전현우 　실제로는 속도가 느리더라도 새로운 교통수단을 선택하는 수요가 있는데, 그런 선택이 개개인에게 손실이라고 보는 역설 말이죠?

조중래 　그런데도 계산이 간단하고 계산 과정을 이해시키기 쉬우니까 이 방법으로 간다, 이런 얘기거든요. 이건 말도 안 되는 논리지.

전현우 　이런 느낌도 들었어요. 계산하기 편하다는 이유로 사람들의 행동을 너무 납작하게 눌러서 본다고 할까?

조중래 　그보다는 내가 가진 현금과 내가 어떻게든, 빌려서든 뭐든 만들어서 낼 의사가 있는 금액의 차이를 계산에 넣지 않는다는 얘기죠. 현금만 가지고 계산을 했다는 말이에요. 현실적으로 설명하기가 되게 쉽지. 간단하잖아. 그러니까 그게 받아들여지는 거고. 어떻게 보면 고소득층보다는 저소득층한테서, 아니면 지금 현금이 많은 사람보다는 미래 기대 소득이 더 많은 사람한테서 이 틈을 더 잘 볼 수 있어요. 지금 현금이 많은 사람은 상품 대부분에 대한 지불의사보다 자기가 가진 현금이 대체로 더 많겠지.

김상철 　저희같이 공공교통을 다루는 시민단체는 이런 방법이 아니라 저런 방법을 택하는 것에 어떤 의도가 숨어있지 않나 의심하곤 합니다.

조중래　아, 아니에요. 그건 어제 얘기했잖아요.

김상철　그러니까요. 그 의심이 저희가 가졌던 일종의 편견임을 알게 돼서 굉장히 놀라웠어요.

조중래　비용절감접근법을 선택하는 이유는 간단해요. 그게 편하기 때문이에요.

김상철　저희는 그동안 비용절감접근법이 본인들이 원하는 결과를 내는 데 훨씬 더 유리하기 때문이라고 생각했어요.

조중래　아니에요. 본인들이 원하는 결과를 내는 데 유리한 건 오히려 소비자잉여접근법이에요. 특히 사업을 시행하는 공무원한테는. 근데 공무원도 잘 몰라요. 전문가들이 이런 얘기를 안 해주니까. 그리고 얘기해줘야 하는 그 전문가들도 내용을 잘 모르고.

김상철　가장 놀랍게 깨달은 부분 가운데 하나는 이걸 비용 절감 방식으로 해놓고, 의사결정은 그야말로 합의와 토론의 영역이라는 겁니다.

조중래　그렇죠. 대부분의 SOC 사업을 보세요. 그 일에 대한 합의를 끌어내는 과정에서 누가 찬성하고 누가 반대하겠어요? 공무원으로서는 그 사업을 해야 부처의 예산이 올라가요. 자기가 흔들 수 있는 금액이 올라가요. 그리고 공무원은 항상 정치 쪽하고 안테나가 연결돼 있죠. 지역구 국회의원 누구,

어디 누구, 이렇게 다 연결돼 있어서 그 영향을 받죠. 지역구 국회의원은 어떻겠어요? 무조건 사업하려고 하죠. 그리고 주민들도 하기를 원하죠. 자기 집 앞에 철도 역사 세워준다는데 누가 반대하겠어요. 버스 노선 새로 만들어준다는데, 도로 내준다는데 누가 반대하겠어요. 다 찬성한단 말이에요. 이유는 딱한 가지예요. 일단 자기 교통 여건이 좋아지고 그다음에 재산 증식이 기대되고.

반대하는 팀이 딱 하나 있어요. 기획재정부예요. 재정 담당자들은 예산 배정 및 집행을 해야 하니까 교통사업을 제대로 들여다보려고 하죠. 근데 워낙 사업하는 쪽의 바람이 세기 때문에, 기재부 담당자도 공무원이긴 마찬가지잖아요, 되도록 해주려고 해요.

김상철　이게 사업하는 부처 간의 갈등처럼 보이니까, 정작 해야 하는 토론은 안 하고 경제적 수익성만 가지고 논쟁하는 엉뚱한 상황이 펼쳐집니다.

조중래　한마디로 그런 상황을 통제할 수 있는 집단이 없어요. 그래서 일반 시민이 통제해야 해요. 시민이 내는 세금으로 하는 사업이니까. 자기가 내는 세금이 어디에 배정돼서 어떻게 쓰이는지를 시민들이 생각해야죠. 그런데 참 웃기는 게, 사람들이 자기가 낸 세금이 어떻게 쓰이는지에 별로 관심이 없어요. 나한테 유리하냐, 불리하냐만 따지고. 자기가 낸 세금이 저기 외진 시골에 길을 내줄 수 있다는 걸 생각 안 해요. 그런데 실은 내가 낸 세금이 어떻게 집행되느냐를 인식할 방법이 별로 없어요. 그러니까 관심이 없어지죠. 일단 시작하면 몇조 원씩 들어가는 사업들인데.

전현우   관심을 가지고 보려고 해도 기술적 장벽이 큽니다. 정부의 예산 공개 데이터만 해도 그래요. 올해(2022년) 예산 안의 부처별 상세 내역도 국회의안정보시스템에서만, 그것도 복사조차 할 수 없는 PDF 파일로 제공하더라고요. 엑셀 파일이든 CSV 파일이든, 아무튼 기계가 읽어서 쉽게 가공할 수 있는 형태로 줘야 데이터를 분석하기도, 가공해서 시민들한테 알리기도 편할 텐데 눈으로 쓱 볼 수 있는 형태로 데이터를 주는 관행이 여전하다는 게 안타깝고 한심합니다. 책에 들어가는 데이터도 결국 눈으로 보고 손으로 입력해 넣었습니다.* 일개 민원인으로서는 항의해도 씨알도 먹히지 않는 거 같았고요.

조중래   예를 들어 어디에 GTX 노선을 만든다고 하면, 그 노선이 지나가는 역세권에 있는 사람들은 당연히 찬성하겠죠. 하지만 전혀 관계없는 지역에 사는 사람들은 반대할 수 있어야

* 《거대도시 서울 철도》(워크룸프레스, 2020) 7장의 역대 철도 노선별 건설 투입 예산액 정보를 말한다.

해요. 그 사업에 내가 낸 세금이 쓰이는지를 확인하고 말이죠. 그런데 그게 불가능해요. 그걸 확인할 수 있는 시스템이 구축되어 있지 않으니까.

김상철　한국의 정책은 굉장히 좁은 이해당사자들끼리 결정하는 구조 같습니다.

조중래　그래서 여러분의 역할이 중요해요. 일반 시민들이 인지하지 못하니까 시민단체 내지는 어떤 그룹에서 그 역할을 해야 해요. 국회의원들도 그런 역할을 안 해요. 내가 이번에 저 사람 지역구 사업을 반대하면 나중에 저 사람이 내 지역구 사업을 반대할 거야, 이렇게 생각하니까.

김상철　찬성, 반대도 어느 순간부터 거래의 대상이 되었죠. 네가 내 편 들어주면 나도 네 편 되어줄게. 이런 방식이 시민사회 논쟁에서도 보입니다.

전현우　어떻게 이런 상황을 극복할 수 있을지 논의하는 게 우리 시대의 과제라고 생각합니다. 큼직한 담론을 이야기하면서 현실 문제 주변에서 변죽만 울리는 한계를 넘고, 더불어 이해관계에 묶여 사회 전체의 이득에 관해서 말하지 못하는 사람들만 교통 투자와 시스템에 관해 말하는 한계를 넘는 게 필요하겠죠.

조중래　그래서 여러분이 이걸 제대로 들여다볼 수 있는

능력을 갖춰야 해요. 지금으로선 그런 능력을 갖춘 집단이 하나도 없어요. 어떤 집단도 못 해요. 그러니까 그냥 가요. 국회의원들이 원하는 대로 그냥 가요. 하면 안 되는 사업도….

구체적으로 편익을 계산하다

김상철　이제 [자료] 21쪽(교통 투자사업 편익 분석 접근 방법(안))으로 넘어갑니다.

조중래　지금까지 한 건 이론적 베이스이고 실질적으로 그럼 어떻게 해야 하느냐? 여기에 '선택 가능 교통수단'과 '선택 불가능 교통수단'으로 구분되어 있죠? 통행자에게 승용차, 택시, 노선버스, 도시철도 등은 선택 가능한 수단이에요. 베리어블 디맨드(Variable Demand)죠. 하지만 화물차나 통학버스 등은 상황이 변했다고 다른 선택지가 없잖아요. 통행자의 의지대로 선택할 수 없는 것, 즉 픽스드 디맨드(Fixed Demand)죠. 이 선택 불가능한 교통수단은 소비자잉여접근법으로 분석할 수 없어요. 왜냐하면 이것에 대한 수요함수가 존재하지 않기 때문에. 그래서 그냥 비용절감접근법으로 가도 아무 문제가 없어요. 그런데 선택 가능한 교통수단, 즉 베리어블 디맨드는 소비자잉여접근법을 써야 해요. 이해돼요?

• 교통수단의 구분

구분	선택 가능 교통수단	선택 불가능 교통수단
정의	통행자가 선택적으로 이용하는 교통수단	통행자가 통행자의 의지대로 선택할 수 없는 수단
교통수단	승용차, 택시, 노선버스 도시철도 등	기타 버스, 화물 등
수요의 특징	Variable Demand	Fixed Demand
편익 방법 계산	Consumer Surplus Approach	Cost-Saving Approach

• 통행비용

Total Cost = { User Cost, External Cost}

User Cost = {시간비용,운행비용,주차비용,사고비용 등}

External Cost = {소음비용,대기오염비용 등 환경비용}

• Consumer Surplus Benefit 구성 항목

– 모든 User Cost의 절감으로 발생되는 편익

– 시간비용 절감 편익, 운행비용 절감 편익, 주차비용 절감 편익, 사고비용 절감 편익 등

[자료] 21쪽. 교통 투자사업 편익 분석 접근 방법(안).

김상철   네, 직관적인 분류라서 어렵지 않네요. 선택 가능한 교통수단이 통행의 목적에 따라 달라진다는 것이 상당히 중요해 보입니다. 선택 가능하다는 것이 단지 비용의 많고 적음이 아니라 이동 목적과 수단에 고정되어 있을 수 있으니까요. 통학버스와 시내버스가 다른 방식의 편익 구조를 가진다, 그것이 저에게는 '어, 그렇구나!' 하는 느낌을 줍니다.

전현우   통근 버스는 대개 노동계급이 이용하니까 재분배 효과도 생각할 수 있겠네요. 꼭 해야 하는 통근 통행의 속도 개선이 노동계급에 시간을 돌려준다고 말하는 데 무리가 없을 거 같습니다.

김상철   어찌 됐든 선택 가능한 교통수단에 소비자잉여 접근법을 적용한다는 건 새로운 선택을 하게 하는 요인이 될

수 있겠네요.

전현우　이제 탄소배출 문제가 중요한 시대가 됐으니까 그것도 수요함수에 들어갈 수 있을지 모르겠네요.

김상철　경제적 비용만 따지는 게 아니라 환경 문제까지 고려해서 '나는 이걸 감수하겠다'라는 태도를 포함할 방법은 소비자잉여접근법이 맞죠.

조중래　그건 좀 민감한 문제예요. 잘라 말할 수는 없어.

김상철　물론 비용절감접근법을 실제로 적용할 때도 환경비용을 넣는 걸로 알고 있지만.

조중래　그다음 부분을 보면 방금 제기한 문제에 관한 이야기가 나와요. 통행비용 항목에. 총통행비용(Total cost)에 이용자비용(User cost)과 외부비용(External cost)이 있죠? 이용자비용에는 시간비용과 운행비용을 비롯해 기름값, 주차비, 통행료, 사고비용까지 다 들어가요. 외부비용에는 소음비용, 대기오염비용 등 환경비용이 다 들어가고. 그런데 이용자비용은 계산할 수 있지만 외부비용은 계산할 수 있을까요? 내 차에서 나오는 환경비용이 얼마나 될지, 이걸 계산할 수 있어요?

김상철　못 하죠.

조중래　계산 불가능하죠. 통행으로 생기는 환경비용은 내가 집계할 수 없어요. 의지가 없어서가 아니라 할 수 있는 방법이 없어요. 다만 국가가 정책적으로 환경세를 부과하면 돼요.

김상철　세금이 외부비용을 가시적으로 만들어줄 수 있군요.

조중래　그런데 그러기가 제도적으로 굉장히 어려워요. 환경세가 부과되지 않는 이상 사람들이 환경비용을 인지해서 그에 따라 교통수단을 선택할 방법이 없어요. 환경세가 부과되어도 그게 다른 항목에 포함돼버리면, 예를 들어 기름값에 환경세를 포함하면 사람들이 인지를 잘 못해요. 이게 왜 중요하냐면 편익을 계산할 때 선택 가능한 교통수단과 선택 불가능한 교통수단 각각 편익 계산하는 항목이 달라요. 보세요. 소비자잉여접근법을 사용하면 시간비용, 운행비용, 주차비용, 사고비용 등이 편익 항목에 다 포함돼버려요. 그러니까 그런 비용을 따로 계산하면 안 돼요. 그러면 이중이 돼버려요. 효용함수에 이미 다 포함돼 있어요. [자료] 11쪽을 보세요. 거기 T_a가 통행 시간비용, C_a가 통행비용, 그리고 ε_a가 관찰되지 않는 비용이에요.

김상철　아, 네! 지난 시간에 이미 말씀하셨죠!

조중래　관찰할 수 없는 비용, 그게 ε 안에 다 포함돼 있어요.

김상철　이론적으로는 진짜 다 들어가 있네요.

조중래　이미 효용함수에 다 들어가 있으니 소비자잉여

접근법을 사용할 때는 주차비용, 사고비용 등을 따로 계산하면 안 돼요. 이미 그걸 고려해서 사용자가 교통수단을 선택하기 때문에.

김상철　그러니까 모델 자체로는 그렇게 가정한다는 말이죠?

조중래　아니, 가정이 아니고 실제로 그래요. 효용함수에 다 들어가 있어요.

김상철　이를테면 어느 지방정부에서 낸 타당성 보고서를 보고 여기에 주차비용이나 사고비용이 빠졌다고 지적하는 게 성립 안 된다는?*

조중래　아뇨, 소비자잉여접근법을 사용할 때는 주차비용을 따로 계산하면 안 된다는 얘기예요. 하지만 비용절감접근법으로 할 때는 다 따로따로 계산해야 해요. 그다음, 외부비용은 사람들의 고려 대상이 아니잖아요. 그래서 이건 따로 계산해야 해요. 외부비용은 따로 계산해서 고려해야 한다….

전현우　외부비용, 즉 익스터널 코스트를 내부화할 때 짝이 잘 맞는 방법이랄까, 그런 게 있을까요? 어쨌든 소비자는 잘 모르는 외부비용을 숫자로 만들어야 하니까요.

* 현행 예타 등에서는 비용절감접근법을 사용하므로 주차비용, 사고비용, 환경비용이 모두 편익 계산 항목으로 포함되어 있다.

김상철 아까 선생님께서 말씀하셨던 별도의 조세 방식에 관한 질문입니다. 어떤 방식으로 비용을 가시화할 수 있을까에 대한.

조중래 그게 현실적으로 불가능하므로 공무원들이 안 하려고 하죠.

김상철 근데 외국은 조세 방식으로 드러내고 있죠?

조중래 네, 그렇게 하는 데가 있어요. 아무튼 내 얘기의 핵심은 비용절감접근법으로 분석하면 아무것도 달라지는 게 없고 소비자잉여접근법으로 분석할 때 효과가 있다는 거예요. 그런데 지금은 비용절감접근법을 사용하니까 비용이 내부화되든 외부화되든 차이가 없어요.

김상철 그렇네요. 외부비용이 내부화돼야 소비자 선택에 영향을 미칠 수 있는데, 지금처럼 비용절감접근법을 쓰면 외부비용이 나의 부담이 되지 않는 한에서는 의미가 별로 없네요. 외부비용이 아무리 많이 나오더라도 내 선택에 별로 영향을 안 주겠네요.

조중래 그렇죠. 내가 노후 경유 차량을 몰고 다녀도 그걸 정부에서 규제하지 않는 한 '환경비용 많이 나오니까 이거 몰고 나가면 안 되겠다'라고 생각 안 하잖아요.

김상철 굉장히 중요한 부분이네요. 외부비용을 어떻게

내부비용으로 만드느냐.

전현우　현재 휘발유와 경유에 부과되는 유류세가 외부비용을 내부화하는 데 어느 정도 효과가 있지 않을까요? 그러니까 지금의 교통에너지환경세가.

김상철　그렇죠. 근데 딜레마가 있는 것 같아요. 이를테면 저는 교통에너지환경세가 외국의 교통세 수준도 안 된다고 생각해요. 더 심각한 문제는 주행세는 지방세로 이미 있는데 그 수익이 대부분 유가 보조금으로 사용된다는 것이죠. 그러니까 차를 덜 몰아야 한다는 내부 요인 자체를 없애버리는 방식이에요. 외부비용을 내부화해야 하는데 내부비용을 외부화하는 방식으로 주행세가 사용되고 있다는 말입니다.

조중래　[자료] 22쪽을 보세요. 제목이 'Consumer Surplus 적용 시의 교통 투자사업 편익 항목 검토'죠. 다시 한번 말하지만, 비용절감접근법으로 할 때는 그냥 현재대로 하면 돼요. 그런데 소비자잉여접근법으로 할 때는 선택적 교통수단과 비선택적 교통수단을 구분해야 해요.

그다음 사용자 편익(User Benefit)은 어떻게 계산하느냐? 선택적 교통수단에서는 소비자 잉여 편익을 계산해야 해요. 비선택적 교통수단에서는 통행시간과 운행비용의 절감 편익을 계산하면 되고요. 비선택적이라서 소비자잉여접근법으로 계산

• 교통 투자사업 편익 항목 검토

구분	교통수단	User Benefit	External Cost Saving
선택적 교통수단 (Variable Demand)	승용차, 택시, 노선버스, 도시철도	소비자 잉여 편익	환경비용 절감 편익 (대기오염, 소음)
비선택적 교통수단 (Fixed Demand)	기타 버스, 화물	통행시간 절감 편익 운행비용 절감 편익	

• 교통 투자사업의 총편익

총 편익 = (선택적 교통수단의 소비자 잉여 편익)
       + (비선택적 교통수단의 통행시간 절감 편익)
       + (비선택적 교통수단의 운행비용 절감 편익)
       + (환경비용 절감 편익)

[자료] 22쪽. Consumer Surplus 적용 시의 교통 투자사업 편익 항목 검토.

할 수가 없어요. 그리고 외부비용은 선택적이든지 비선택적이든지 똑같이 절감 편익을 계산해야 해요.

이상의 이야기를 다른 사례에 대입해보다

김상철　그다음에 실증분석 사례가 세 가지([자료] 23~25쪽) 나오는데요.

조중래　실제로 했던 사업들이에요.

김상철　소비자잉여접근법으로 선생님께서 직접 작업하신 겁니까?

조중래　아니, 보고서에는 전부 비용절감접근법으로 나갔죠. 소비자잉여접근법은 내가 따로 작업했어요.

• 트램노선 신설 사업

1. 노선 정보

구분	내용
총연장	약 5km
정류장 및 차량기지	정거장 10여 개소
표정속도	20~25km/h
운전시격	첨두 5~15분

2. 영향권 수단분담률

(단위 : 천통행/일,%)

구분		Auto	Taxi	Bus	Rail	B+R	Total
미시행	통행량	182	34	125	21	31	394
	비율	46.3	8.8	31.8	5.2	7.8	100.0
시행	통행량	177	33	123	30	30	394
	비율	44.9	8.6	31.3	7.5	7.7	100.0
차이	통행량	−5	−0.8	−2	9	−0.4	−
	비율	−1.4	−0.3	−0.5	2.3	−0.1	−

3. 노선 이용수요: 18,057통행/일

[자료] 23-1쪽. 실증분석 사례(1).

김상철   아, 비용절감접근법으로 이미 작업을 했으나 다시 다른 방법론으로 해본 사례들이군요.

조중래   [자료] 23쪽 '실증분석 사례(1)'은 서울 경전철 노선이에요.

전현우   스펙을 보니 어딘지 알 것 같습니다.

조중래   대충 짐작할 거예요. 5km에 정류장 10개, 표정속도 20~25km/h, 총노선 영업 수요가 이렇게 돼 있는 노선이고. 시행 시와 미시행 시가 쭉 나오잖아요([자료] 23-1쪽). 이건 그냥 짧은 노선이에요. 짧고 느린 노선이죠. 이걸 비용절감접근법으로 분석하면 운행비용 절감 편익이 89.9억 원, 통행시간 절감 편익이 도로 104.7억 원, 대중교통 −93.7억 원 나와요([자료] 23-2쪽). 왜 마이너스가 나왔겠어요? 속도가 느린 트램이라서

- 트램노선 신설 사업

－ Cost-Saving Approach　　　　　　　　(단위 : 억 원)　　　－ 결과 비교

운행비용 절감편익	통행시간 절감편익		사고비용 절감편익	환경비용 절감편익	주차비용 절감편익	편익 합계
	도로	대중교통				
104.7	-93.7		8.5	7.0	12.8	129.2

편익 분석 방법	편익(억 원)
Cost-saving Approach(a)	129.2
Consumer Surplus Approach(b)	246.8
편익비(b/a)	1.91

－ Consumer Surplus Approach

선택 가능 교통수단 소비자 잉여 편익	선택 불가능 교통수단		환경비용 절감편익	편익 합계
	운행비용	통행시간		
233.7	5.2	0.9	7.0	246.8

[자료] 23-2쪽. 실증분석 사례(1).

그래요. 사고 절감 편익, 환경비용 절감 편익, 주차비용 절감 편익 등은 지침상 많이 안 잡히게 돼 있어요. 이런 부분도 손을 봐야 하는데 아무도 못 하고 있죠.

전현우　손을 놓고 있다고 해야 할 거 같습니다.

조중래　총편익 합계가 129.2억 원인데, 이걸 소비자잉여 접근법으로 분석하면 선택 가능한 교통수단의 소비자 잉여 편익이 233.7억 원이에요. 주차비용 등이 다 포함됐어요, 233.7억 원 안에. 그다음에 선택 불가능한 교통수단은 운행비용, 통행시간 편익을 따로 내야 하잖아요. 통행량이 워낙 적어서 각각 5.2억 원과 0.9억 원 나왔어요. 환경비용 절감 편익은 위의 비용절감접근법하고 똑같죠. 그래서 총 246.8억 원이 나와요. 비용절감접근법 편익 계산의 2배 정도 값이죠.

김상철　서울경전철을 트램으로 만든 곳은 한 군데밖에 없어서….

전현우　그렇죠, 다 아는 그곳.

조중래　편익이 제대로 안 나오죠. 근데 그거는 해야 하는 사업이야, 위례선 트램.

전현우　편익이 절반이니까. 공간도 확보를 다 했잖아요. 도시 설계할 때.

김상철　위례신도시 입주 조건이기도 했어요. 약속 지켜야지.

조중래　이건 내가 해주고 싶어서 아무리 수단과 방법을 써도 비용절감접근법 값이 안 나왔어요.

[자료] 24쪽 '실증분석 사례(2)'는 지하철 노선 연장 사업. 7호선 연장 사업이에요. 그러니까 개량 사업이죠.

김상철　아, 앞서 봤던 철도 개량 사업처럼요.

조중래　앞에서는 속도 개량 사업이었지만, 이건 연장 개량 사업. 노선만 연장하는 사업이야. 이미 있던 노선을 서쪽으로 조금 연장하죠. 연장 길이는 10㎞, 정류장 6개 추가, 표정속도는 40~50㎞/h, 운전시격은 첨두시 6분. 시행 시, 미시행 시 분담률 비교하면 승용차가 좀 떨어지고 나머지는 거의 차이가 없어요. 연장만 하는 데다 수도권 전체를 가지고 분담률을 계

• 지하철노선 연장 사업

1. 노선 정보

구분	내용
총연장	약 10km
정류장 및 차량기지	6개소
표정속도	45~50km/h
운전시격	첨두시 6분

2. 영향권 수단분담률

(단위: 천통행/일,%)

구분		Auto	Taxi	Bus	Rail	B+R	Total
미시행	통행량	17,987	3,328	7,061	6,064	3,050	36,490
	비율	46.55	9.12	19.35	16.62	8.36	100.0
시행	통행량	17,966	3,327	7,060	6,074	3,062	36,490
	비율	46.50	9.12	19.35	16.65	8.39	100.0
차이	통행량	−21	−0.7	−1	10	12	−
	비율	−0.06	0.00	0.00	0.03	0.03	−

3. 노선 이용수요: 48,723통행/일

[자료] 24-1쪽. 실증분석 사례(2).

산하니까([자료] 24-1쪽).

비용절감접근법으로 분석하면 편익 합계는 824.1억 원. 그중 도로 통행시간 절감 편익이 385.4억 원으로 제일 높아요. 그러니까 재미있는 게 대중교통 사업을 해도 편익은 도로 쪽에서 크게 발생해요. 근데 그걸 체감하는 수준은 굉장히 미미하죠. 소비자잉여접근법으로 분석하면 선택 가능한 교통수단 소비자 잉여 편익이 980.49억 원이고 총편익은 1,019.39억 원. 비용절감접근법으로 구한 총편익 824.1억 원이랑 별로 차이가 안 나죠. 한 1.2배 정도([자료] 24-2쪽).

김상철   연장 사업이라서?

조중래   연장 노선이 짧잖아요. 그러니까 소비자잉여접근법으로 분석해도 새로운 선택 대안을 갖는 사람들의 숫자가

• 지하철노선 연장 사업

– Cost-Saving Approach　　　　　　(단위 : 억 원)

운행비용 절감편익	통행시간 절감편익		사고비용 절감편익	환경비용 절감편익	주차비용 절감편익	편익 합계
	도로	대중교통				
281.1	385.4	76.7	30.3	25.8	24.8	824.1

– 결과 비교

편익 분석 방법	편익(억 원)
Cost-saving Approach(a)	824.1
Consumer Surplus Approach(b)	1,029.39
편익비(b/a)	1.24

– Consumer Surplus Approach

선택 가능 교통수단 소비자 잉여 편익	선택 불가능 교통수단		환경비용 절감편익	편익 합계
	운행비용	통행시간		
980.49	2.6	10.5	25.8	1,019.39

[자료] 24-2쪽. 실증분석 사례(2).

별로 없죠.

　　김상철　　6개 정류장이 신설되는 거라 영향받을 수 있는 선택지 숫자가 제한적이겠네요. 그런데도 위례선 트램보다 훨씬 많이 나오네요.

　　조중래　　거쳐 가는 지역에 인구가 많으니까.

　　전현우　　통행수요가 3배 가까이….

　　조중래　　[자료] 25쪽 '실증분석 사례(3)'은 광역급행철도 신설 사업•이죠. GTX C노선이에요. 이건 비용절감접근법과 소비자잉여접근법의 편익 차이가 엄청나요. 노선 길이도 길뿐더

•　　2018년에 이뤄진 GTX C선 예타인 <의정부~금정 광역급행철도 건설사업>(KDI 공공투자관리센터, 2018. 12)에 조중래 선생이 외부 연구진으로 참여했다.

■ 실증분석 사례(3)   25-1

• 광역급행철도 신설 사업

1. 노선 정보

구분	내용
총연장	약 48km
정류장 및 차량기지	정거장 7개소
표정속도	90~100km/h
운전시격	첨두 5분~10분

2. 영향권 수단분담률

(단위 : 천통행/일,%)

구분		Auto	Taxi	Bus	Rail	B+R	Total
미시행	통행량	17,657	3,413	6,882	6,268	3,100	37,320
	비율	47.3	9.1	18.4	16.8	8.3	100.0
시행	통행량	17,595	3,411	6,873	6,311	3,130	37,320
	비율	47.1	9.1	18.4	16.9	8.4	100.0
차이	통행량	−62	−2	−9	43	30	
	비율	−0.2	0.0	0.0	0.1	0.1	−

3. 노선 이용 수요: 295,844통행/일

[자료] 25-1쪽. 실증분석 사례(3).

러 속도도 빠르니까. 또 새로운 지역에 완전히 새로운 교통수단이 뚫고 들어가기 때문에 비용절감접근법(2,916.8억 원)보다 소비자잉여접근법(12,158.8억 원)의 편익이 4.26배 정도 커요([자료] 25-2쪽).

전현우 어우, 1년 편익이 조 단위로 나오는군요. 그런데 그런 거대한 숫자가 부동산 가격을 몇 배씩 올려놓았지만, 이제 GTX가 교통환경을 천지개벽시킬 정도의 효과를 준다는 기대는 과장이라는 사실이 어느 정도 합의된 것 같습니다. 그러니까 이렇게 수치가 나온다고 막 열광할 것이 아니라, GTX가 할 수 있는 것은 분명히 있지만 할 수 없는 것도 많다는 점을 조명하면서 균형을 잡을 필요가 있는 숫자라고 할 수 있겠죠.

김상철 그러네요. 이제 결론을 내려주시면 됩니다.

■ 실증분석 사례(3)

• 광역급행철도 신설 사업

− Cost-Saving Approach (단위 : 억 원)

운행비용 절감편익	통행시간 절감편익		사고비용 절감편익	환경비용 절감편익	주차비용 절감편익	편익 합계
	도로	대중교통				
674.4	750.2	1,303.1	68.9	51.9	68.3	2,916.8

− Consumer Surplus Approach

선택 가능 교통수단 소비자 잉여 편익	선택 불가능 교통수단		환경비용 절감편익	편익 합계
	운행비용	통행시간		
12,078	5.5	23.4	51.9	12,158.8

− 결과 비교

편익 분석 방법	편익(억 원)
Cost-saving Approach(a)	2,916.8
Consumer Surplus Approach(b)	12,158.8
편익비(b/a)	4.26

[자료] 25-2쪽. 실증분석 사례(3).

　　조중래　　결론은 뭐 뻔하죠. 지금은 상황을 개선할 수 있는 기술적인 수준이 안 돼요. 전문가의 기술적인 수준이. 그러니까 현재 개념상 뭐가 왜곡되고 있는가, 그것만 여러분이 잘 파악해서 하면 돼요. 실제로 비용절감접근법을 축소하고 소비자 잉여접근법을 광범위하게 적용해야 한다고 주장하면 아마 받아들여지기 힘들 거예요, 여러 가지 측면에서. 그래도 현재 방법의 문제가 뭔지를 설명하기 위해서는 이런 개념적인 이해가 도움이 될 겁니다.

　　김상철　　새로운 방법론이 기존 방법론의 한계를 지적하는 데는 쓸모 있겠지만, 제도로 도입될 가능성은 별로 없어 보인다는 말씀이네요.

　　조중래　　누가 힘 있게 밀어붙이면 가능해요. 근데 그럴 사람이 없죠. 여러분 중 누군가가 새로운 편익 분석 방법을 철저히 이해하고 연구해서 하나하나 다 보여주면서 설명하면 사람들이 귀를 기울일지도 모르죠.

김상철　더 꾸준하게 그런 작업을 해나가는….

조중래　그러나 전문가 중에 이렇게 해야 한다고 지금 나설 사람은 아마 없을 거예요. 지금 전문가들한테는 경제학 베이스가 없어요. 경제학 베이스를 갖춘 교통전문가는 다 사라졌어요.

전현우　사라진 이유가 있을까요?

조중래　그게 우리나라 교통 연구의 트렌드예요. 초기에는 다 경제학 베이스를 가진 사람들이 교통을 연구했어요. 그런데 트렌드가 바뀌면서 교통 쪽 사람들이 ITS, 첨단교통 쪽으로 갔죠.

정보의 공개와 검증이 편익 분석에 대한 맹목을 깬다

김상철　이제 마무리하는 의미에서 선생님께 직접적으로 드리고 싶은 질문이 있습니다. 이제까지 지역에서 교통 관련해 싸우는 사람들의 기본적인 전제는 이거였던 것 같아요. '편익이 과장되었다. 그래서 하지 말아야 하거나 안 해도 될 사업이 진행된다.' 하지만 선생님과 자세히 대화를 나누어 보니 단지 편익의 숫자가 크냐 작냐의 문제로만 귀결되는 것이 아니라는 생각이 듭니다.

조중래   숫자가 과장되었다는 것과 그 숫자의 크고 작음이 어느 정도로 중요한지는 다른 이슈예요.

김상철   '좀 과장되었다'라는 인식은 맞나요?

조중래   맞아요.

김상철   그러면 그런 과장은 왜, 어떻게 발생하죠?

조중래   쉽게 말해서 분석이 부정확하기 때문이죠. 아주 까놓고 얘기하면 결과를 조작하는 측면도 있어요. 지금까지 우리가 한 얘기는 순수하게 이론적인 측면이죠. 그런데 현재 이루어지는 비용절감접근법으로 분석하더라도 결과 조작이 일어난다고.

김상철   그렇군요. 제가 계속 그 두 가지를 혼동했던 것 같습니다. 지금까지 선생님이 하신 말씀은 순수하게 모델링의 차원에서 접근한 거고 현실에서는 전혀 다른 이야기가 펼쳐진다….

조중래   첫 번째는 교통량을 조작하고, 두 번째는 편익을 조작하죠.

전현우   만져놓은 기본 데이터베이스로 계산하면 함수가

지도 조작 범위에 들어가겠지요.

조중래　다 그런 건 아니고 어떤 경우에 그렇다는 말이에요. 내가 저번에 한 가지 예를 들었잖아요. 도로 교통량을 산정할 때, 차량을 배정해야 하는데 사람을 배정한단 말이야. 그럼 교통량이 몇 배 뛰죠. 드물지만, 이처럼 의도적인 조작일 때가 있어요. 대부분은 분석하는 사람의 실수나 게으름의 결과겠지만.

김상철　두 가지 숫자가 있을 때 한쪽 숫자가 크니까 일단 이걸 쓰자, 이렇게 했는데 알고 보니까 그게 사람 숫자일 수도 있겠네요.

조중래　내가 예를 하나 들어줄게요. 이건 실제로 있는 일이에요. 우리가 교통수요 분석한다고 하면, 예를 들어서 40년간을 분석한다고 하면 5년 단위로 잘라가지고 한 대여섯 번씩 분석한다고. 5년마다 편익이 얼마나 발생하느냐를 계산한 거잖아요. 그걸 가지고 연도별 타임라인을 만들어요. 그 자료가 내 홈페이지에 있어요. 2025년 편익, 2030년 편익, 2035년 편익, 2040년 편익, 이런 식으로.

근데 그 변화가 급격해요. 조작한 게 아니라 그냥 그대로 정직하게 분석한 결과인데도. 어떤 드라마틱한 원인이 있지 않은 한 완만하게 올라가든지 완만하게 떨어지든지, 둘 중 하나

여야 하는데. 갑자기 무슨 신도시가 생긴다든지, 아니면 도시 하나가 망한다든지 하지 않는 이상 도시의 변화는 완만하거든요. 근데 현재의 방법을 쓰면 그렇게 되는 거예요. 그러니까 이건 기술 수준의 문제죠. 이게 아무것도 아닌 것처럼 보여도 굉장히 중요한 문제예요. 현재 통용되는 소프트웨어를 쓰면 그런 결과가 나와요. 정확성을 그 수준에서 끝내버린단 말이죠.

전현우　마구잡이로 튀는 그림이….

조중래　지그재그 결과가 나와요. 2025년에 확 올라갔다가 2030년에 뚝 떨어지는 식으로. 이런 결과를 어떻게 믿겠어요? 그러니까 그다음에 조작에 들어가요. 편익이 나오게끔 만들어버리는 거죠. 그런데 내 프로그램으로 분석하면 결과가 달라져요.

김상철　그래서 다른 건 모르겠고, 최소한 데이터는 공개해야 한다고 말씀하셨군요.

조중래　그걸 공개하면 설사 들여다볼 사람이 현재로선 아무도 없어도 누군가는 두렵죠. 나중에 무슨 일이 있을지 모르잖아. 10년 후에 무슨 일이 생길지 어떻게 알아요.

김상철　전적으로 동의합니다. 네, 맞습니다.

조중래　데이터 공개가 그만큼 중요해요.

김상철　참고로 의정부경전철 수요 예측 관련해서 난리

가 났을 때 제가 지방의회에 선임돼서 실태조사를 하러 갔어요. 그때 수요 예측한 분이 경기연구원에 계신 박사님이었어요. 그분께 수요 예측한 데이터를 좀 주실 수 있겠냐고 물었더니….

조중래　못 준다고 하지.

김상철　맞습니다. 최소한 교통연구원에 공개된 어떤 자료를 보고 만들었다, 이 정도만 얘기해주셔도 된다, 그런데 왜 그 정도도 얘기를 못 해주냐고 항의했던 기억이 나네요.

조중래　공개를 법제화하지 않으면 안 해요. 의무화해야 해.

전현우　그러지 않으면 우회할 사람들이 계속 나오고, 재현할 수 없는 연구가 계속 늘어나겠죠.

김상철　우리가 보통 과학이라고 하면 기본적으로 재현 가능성을 갖춰야 하잖아요….

조중래　재현 불가능한 논문들이 많죠. 그게 다 조작이라. '재현 불가능'이라는 표현은 점잖고, 있는 그대로 얘기하면 조작이죠. 비일비재하죠. 비단 이 분야뿐만이 아니라.

김상철　어쨌든 선생님 입장, 기본적인 관점 자체가 전문가를 부정하는 건 아니시죠?

조중래　아니죠.

김상철   그들이 자기 역할을 해야 한다….

조중래   전문가를 부정하는 차원에서 말하면 '자기 소프트웨어 팔아먹으려고 그런다' 그렇게 생각하죠. 그래서 내가 얘기를 안 해요. 또 모두 동료, 후배니까 더 얘기를 못 하지. 하지만 누군가는 해야 해요. 여러분처럼 공공교통 관련해서 일하시는 분들이.

전현우   혹시 독자들한테 당부하실 말씀이 있다면 해주세요.

조중래   데이터 공개 관련 청원 넣을 때 어떤 항목을 공개하라고 지적을 해줘야 해요.

김상철   조금 딴 얘기지만, 저희는 교통 관련해서 이런저런 단체들이 더 생길 거로 생각했는데 십몇 년이 지나도 저희밖에 없어요. 그래서 이 일은 정말 우리가 해야 한다고 생각하고 있습니다.

조중래   접근하기가 힘들어서.

김상철   네, 맞습니다. 근데 다행스럽게도 버스 쪽 잘 아시는 분, 철도 쪽 잘 아시는 분이 함께하게 돼서 이 정도면 좀 위용을 갖춘 거 아닌가, 개인적으로 생각하고 있습니다. 그리고 요즘 지역마다 교통 이슈를 가지고 많이들 등장하세요.

선생님은 오랫동안 학교에 계셨잖아요. 지난 시간에 시민사회 쪽하고 학계 쪽하고 잘 연계가 되지 않은 문제에 대해서는 선생님의 소회를 들었는데요. 크게 실망하셨고 생각하는 것만큼 되지 않는다고 얘기해주셨죠. 그런데도 시민운동은 학계 전문성에 기대야 할 때가 있고, 학계는 시민사회가 가진 현장성이 필요할 때가 있어 보입니다. 서로 어떻게 관계를 맺을 수 있을까요?

조중래　일단 어떤 학계 전문가가 시민사회 쪽하고 연결된 사실이 알려지면 그 전문가는 그걸로 끝이에요. 왜냐하면 그 전문가가 자기 연구실에서 연구하고 학생들만 가르치면 모르는데 프로젝트도 해야 하는 상황이니까요. 시민사회와 연계성이 밝혀지면 프로젝트는 다 끊어져요. 그건 100%. 그러니까 안 하려고 하죠. 나는 프로젝트 따는 건 아예 기대를 안 하고 그냥 국가 R&D 연구 과제만 했어요. 그리고 시민사회에 대해서 언제부턴가 기대를 안 하게 됐어요. 시민운동가 대부분이 나중에는 정치하고 연결이 돼요. 누구라고 밝힐 수는 없지만, 환경 쪽에서도 그런 인물들이 있어요.

전현우　어떤 의미에서 독립성을 잃었다고 할까요?

조중래　어떻게 보면 자기 자리 돋움의 디딤돌로 시민사회운동을 한다는 거죠.

전현우　운동 자체에는 사실 관심이 별로 없던 사람들

이….

조중래 물론 시민사회운동하는 사람들한테 끝까지 배곯아가면서 살라고 강요할 수는 없죠. 하지만 나름대로 그 틀 안에서 생존 문제를 해결할 방법이 난 있다고 생각해요.

김상철 맞습니다.

조중래 뭐 누구를 탓할 수는 없는 상황이에요. 그런 단체들이 아직 운영에 필요한 비용 자체를 조달할 수 있는 능력이 없으니까. 한국의 기부 문화가 자리 잡은 것도 아니고. 그러니까 지금 조달을 위해 프로젝트와 연결되면 그다음에 비판 능력은 확 떨어져 버리죠.

김상철 경제학적 베이스 혹은 굉장히 전통적인 방법론을 쓰고 있는 교통공학자로서는 거의 마지막 세대라는 느낌이 있으세요? 아까 ITS를 얘기하셨을 때, 제가 최근에 만난 교통 쪽 교수들 명함에 다 ITS가 박혀 있었던 게 떠올라서요.

조중래 그게 유행이에요.

김상철 그래서 여쭐 수밖에 없는데…이제 자신이 올드 패션이 된 마지막 학자라는 느낌이 드세요?

조중래 그렇죠. 실질적으로 이제 없을 거예요. 나 가고 나면 없을 거예요.

전현우 뭐랄까, 유행은 돌고 돌잖아요. 돌아서 다시 돌아올 그럴 가망은 없을까요?

조중래 　그렇지.

전현우 　전통의 단절이 오면 과학계에도 손실이 발생할 수 있다,* 그런 언급을 하잖아요. 그에 대해 다시 한번 짚어주시면….

조중래 　'손실'은 굉장히 추상적이에요. 개념상으로는 얘기할 수 있지만 구체적으로는 얘기하기 어렵죠. 생각해보면 전통의 단절은 모든 분야에 다 나타나는 현상이죠.

김상철 　그렇죠, 맞습니다.

조중래 　내가 어제 정리하다가 여러분께 줘야 할지도 모르겠다 싶은 문건을 하나 발견했어요. 옛날에 내가 책을 쓰려고 남긴 기록.

김상철 　언제쯤 쓰신 거예요, 이건?

조중래 　한참 됐어요. 현시점에서는 좀 안 맞을 수도 있어요. 2000년대 초반에 썼으니까.

김상철 　지난번에 저한테 설명해주신 도시 규모 모델링과 관련한 거죠?

---

* 　'쿤의 손실(Kuhn's loss)'을 의미한다. 과학철학자 토머스 쿤은 천문학 연구를 통해 우주의 운동을 기술하는 프톨레마이오스 패러다임이 코페르니쿠스 패러다임으로 대체될 때 1:1로 통약 가능한 방식으로 이뤄지지 않았으며, 이에 따라 프톨레마이오스 천문학의 내용이 일부 손실되었다고 밝혔다.

전현우   GTX 언급이 나오는 거 보니까 약 10년 정도 된 것 같네요.

조중래   설명 안 해도 대충 이해가 될 거야.

김상철   오늘, 여쭙고 싶었던 많은 것들에 대한 답을 잘 들었습니다. 사실 저희가 욕심을 좀 냈어요. 선생님께서 마음이 급하신 것도 있고 덩달아 저희도 마음이 급해져서. 선생님 굉장히 피곤하시겠다는 생각이 들면서도 안 끊고 그냥 쭉 갔습니다.

제가 서두르면 선생님께 이 인터뷰 녹취본을 보여드릴 수도 있겠는데 장담을 못 하겠기에 정말 죄송합니다. 그리고 저희로서는 선생님과 이렇게 오랜 시간 인터뷰한 것이 날개를 다는 듯한 꿈이었음을 꼭 전해드리고 싶습니다.

조중래   그 의지는 있어요? 정보 공개에 관한 청구, 그 의지는 있어요?

김상철   저희는 늘 그걸 하고 있습니다.

조중래   아니, 아니, 데이터 공개.

김상철   그건 당연히 할 겁니다.

조중래   그러면 그와 관련한 디테일한 부분을 여러분이 작성할 수 있어야 해요.

전현우   데이터 구조나 이런 것들에 대해서….

조중래　　그건 내가 지금 시간이 남았을지는 모르겠지만 만들어드릴게. 조문까지는 못 만들고, 어떤 내용이 포함돼야 한다는.

　　김상철　　알겠습니다. 문자로라도 넣어주십시오. 저희는 분명히 의지가 있어요. 저희가 어설프게 해서 괜히 변죽만 울리다가 끝나지 않도록 도와주세요.

　　선생이 마지막으로 말한 법률 개정 내용은 끝내 전달받지 못했다. 공공교통네트워크도 관련 법률의 개정을 추진하려 했으나, 함께할 국회 내 파트너를 찾지 못해 보류한 상태다. 이 법률은 국가통합교통체계효율화법의 '타당성 평가와 이에 대한 검증, 그리고 재평가와 관련한 규정'(제18조~제20조)을 가리킨다. 현재 이 법률 제113조(직무상 알게 된 비밀의 누설 등 금지) 항목에는 타당성 평가 업무와 관련한 정보를 비밀로 명시하고 있어 사후 검증과정에서 투명성이 근본적으로 제한된다. 또한 GTX 등 민간투자사업의 근거가 되는 사회간접자본시설에대한민간투자법의 '정보와 데이터의 보관 의무 추가'와 대도시권광역교통관리에관한특별법의 '추진계획 및 추진계획에 대한 평가, 사후관리에 있어서 정보 공개 의무' 등도 개정을 고려할 수 있다.

　　해외에는 정부 재정사업의 경우 정보의 공개와 사후 검증이 의무화되어 있어서 그 정보를 바탕으로 민간기관이나 시민단체가 정부 재정사업에 접근할 수 있는 나라가 있다. 하지만 한국은 대규모 공공사업의 판단 근거가 되는 정보가 비공개로 관리되고 있다. 그러다 보니 이후 사업 실패에 대한 논란에도 불구하고 구체적인 검증이 이루어지지 않는다. 민간투자사업 협약서가 대표적이다. 정부는 협약서를 공개하고 있다고 말하지만, 정작 중요한 수익률과 현금흐름표 등 사업성 예측의 기준이 되는 부록을 누락시킨다. 이러면 정보 공개의 취지를 충족할 수 없다.

선생은 이런 부분에서 정보 투명성이 보장되어야 한다고 강조했다. 실제로 사업의 타당성을 맞추기 위해 데이터를 분석할 때 분석자가 활용하는 재량권을 남발할 수 있는데, 이를 확인하기 위해서라도 정보는 공개되어야 한다. 이런 불투명성이 관료에게 순응하는 전문가 집단을 만들어 내는 중요한 요인이라고 선생은 거듭 말했다.

시민의 교통을 위하여

전현우

교통을, 특히 철도를 중심으로 하는 공공교통을 살피다 보면 드는 비감이 있다. 상식이 상식이 아니라는 비감이다. 매일같이 이동하면서도, 교통 시스템에 대해 자신의 시간과 돈을 아끼려는 관심 이상을 보이는 사람은 드물다. 교통망을 계획하고 건설하지만, 무엇이 공익을 위한 교통망인지에 대해 만족스러운 답을 내놓는 정부는 중앙과 지방을 가리지 않고 좀처럼 드물다. 명절에 대중교통은 돈을 모두 받지만, 고속도로 통행료는 면제되는 현실에 의문을 제기하는 사람 또한 드물다. 개별 차량에 대한 혼잡통행료는 사실상 도입하지 않고 기업에 대한 교통유발분담금은 미약한 상황에서 공공교통 요금을 인상해야 한다는 압박이 나오고 있지만, 이것을 어처구니없는 일이라고 짚는 사람은 없다. 기후 위기에 대응한다는 도시에서 운행 중인 철도망을 (용량 증대도 없이) 지하화하거나 철거하겠다는 말이 나오는 것 또한 당혹스럽다. 그래서는 안 된다고 이야기해봐야 '철도 덕후'라는 말로 광대 취급이나 당할 뿐이다. 벽과 이야기하는 것이 더 쉽겠다고 느낄 때가 많다.

그렇지만 오래전부터 이런 '계란으로 바위 치기' 같은 일을 해온 사람이 있었다. 바로 조중래 선생이다. 나는 선생을 만나며 그의 고뇌를 느꼈다. '인터뷰'에서 보았던 대로 선생 역시 상식이 상식이 아닌 현실에 도전하려 애썼다. 죽음을 눈앞에 두고도 카랑카랑한 목소리로 내가 잘못 계산한 곳을 짚으며 호통치던 모습은, 아직 넘지 못한 장벽 앞에서 그가 얼마나 진지했는지를 짐작케 한다.

GTX 세미나에서

시간을 다시 2021년 GTX 세미나로 되감아 본다. 나는 2020년 발표한 《거대도시 서울 철도》(워크룸프레스)에서 다뤘던 내용을 발표 자료로 준비했다.* 그 자리에서 조중래 선생을 처음 만났다. 다른 데서는 보지 못한 접근이었던지 여러 질문이 오갔다. 서울의 경부1선은 병목 속에서도 지금 GTX에 기대되는 역할을 수십 년 전부터 수행해 왔다는 사실, 그렇지만 멀쩡히 작동 중인 시스템을 발전시킬 생각은 하지 않는다는 개탄, 건설비를 마구 쓰고 싶어 하는 것 아니냐는 의심, 시스템을 가능한 한 효율적으로 활용하는 것에는 관심 없고 새롭고 반짝이는 아이템만 쫓아다니는 것 아니냐는 절망, 서울시에서는 멀쩡히 작동하는 시스템을 버리고 굳이 생돈을 퍼부어 지하로 이전시키고 싶어 한다는 비판, 시계 밖에서는 철도망이 내적으로든, 도시 구조와 관련해서든 유기적으로 운영되지 못하고 여기저기 단절되어 있다는 안타까움 등.

이야기를 나누다 보니 GTX C선 예타(2018년)에 조중래 선생이 참여했음을 확인할 수 있었다. 기존 예타(2014년)에서 C선은 비용편익비가 0.66 나와 탈락했다. 하지만 2018년 예타에서는 비용편익비가 1.0 이상이었다. 수도권 사업에서 비용편익비는 사업의 성패를 가른다. 2018년 예타에서 비용편익비가 1.0 이상 나온 이유는 C노선을 경부1선을 따라 금정에서 수원으로

---

*   《거대도시 서울 철도》의 5장 2~3절 내용.

연장했기 때문이다. 나는 이 결정을 책의 본문을 인용하면서 비판했는데, 임자를 만난 셈이었다.

　나의 비판은 금정역 구조를 그대로 둔 채 열차를 운행하면 과천선, 경부2선, 경부1선을 차례로 넘어가면서 경부2선에 교차에 따른 지장이 생긴다, 과천선 기존 전동차의 배차에 악영향이 있다(C선은 2014년 예타부터 사업비 절감을 위해 과천선을 그대로 둔 채 선로를 공용하는 계획이었다), 금정~수원 사이에 있는 의왕역에서 출발하는 화물열차 운행에 지장이 있다, 그리고 현재 경부선에서 운영되는 무궁화호의 기능은 무시한 채 이뤄진 망 계획이다, 등이었다. 조중래 선생은 어떻게든 통과시키는 게 목적이었다고 솔직히 말했다. 수도권 남부의 최대 교통 거점인 수원역에 어떻게든 진입하면 수요가 크게 오르고, 이걸 활용하면 예타 통과가 가능한 수요가 나왔다는 것이다.

　다음 시간에는 이 책에 실린 조중래 선생의 발표([자료] 교통시설 투자 편익 산정의 문제점과 개선 방안)가 이어졌다. 선생은 GTX의 근본적인 문제는 수도권 집중을 강화해 수도권이 더욱 과밀해지는 상황을 조장한다는 데 있다고 갈파했다(이 책의 '둘째 날' 참조). 더불어 동탄과 같은 신도시를 통해 인구를 분산시키기 위해서는 GTX가 아니라, 꼭 서울로 통근하지 않아도 되는 자족적 도시가 필요하다고 제안했다. 과밀 문제에 대응하려면 어느 정도 인내가 필요하며, 도시의 뼈대를 형성하는 교통시설은 대중 요법을 위해 활용하기보다는 자족적 도시들의 분산형 네트워크라는 이상을 위해 활용되어야 한다는 이야기.

많은 생각이 들었다. 동의하는 면과 동의하지 않는 면이 섞여 있는 진단이었기 때문이다. 고속도로망의 압도적인 힘을 무시하는 이야기라는 점이 가장 큰 불만이었다. 나는 위성도시와 광역도시 사이 OD 가운데 승용차 수송분담률이 94%까지 올라가는 지역을 확인한 바 있다(대전~옥천). 위성 도시의 인구수가 수십만 명이 되더라도 달라지는 건 크지 않았다(대전~세종은 승용차 분담률 86%). GTX가 연결하려는 수도권 남부 지역도 정도가 조금 약할 뿐 승용차는 도시와 인간의 삶을 지배하는 막강한 힘을 가진다. 도로망에 기반해 인간의 활동이 분산되어 나가는 현상, 즉 스프롤(sprawl)을 억제하는 과제가 오히려 과밀보다 훨씬 더 큰 문제로 보였다. 그나마 수도권이라면 밀도가 높으니 옛 중심지도 여전히 기능하지만, 지방 도시들은 옛 중심지를 버리고 외곽으로 도망가는 현상이 만연한 것이 현실이다. 탄소 배출량이든, 다른 여러 국지적 오염물질이든, 사고든… 사회적 비용이 이렇게 증식하는데, 철도를 활용하겠다는 계획에 대해 부정적인 태도를 이해할 수 없었다.

아마도 세대의 차이, 관점의 차이일 수 있겠다는 생각이 들었다. 내친김에 이야기하자면, 아마도 조중래 선생과 같은 관점 덕에 지방 분산을 위해 건설된 세종시든, 2기 신도시든, 혁신도시든 철도망과의 연계가 지금처럼 형편없어진 것 아니냐는 의심마저 들었다. 인터뷰에 등장하는 이름을 짚어보면, 노무현·문재인 정부 시절에 교통과 토지 정책을 책임진 사람들이 보이기도 한다. 공공교통을 망각한 개발이 만연했음을 꼭 짚어야 한다고 생각했다.

외곽 회랑에서 GTX에 준하는 광역철도망을 구축해야 한다는 주장에 관해서 부딪혔던 기억도 난다. 수도권 외곽부, 가령 경기 남부나 충청 북부 내부의 수요를 처리하는 데도 고정비용이 지나치게 큰 철도가 필요하겠느냐는 지적이었다. 하지만 충주역에서 충북선을, 홍성역에서 장항선을 평일 오후에 일부러 타본다면 생각이 좀 달라질 것이다. 지금의 열악한 망 환경에도 승객은 상당하다. 철도망을 개선하고 기후 위기에 대응해 광역 지역에서 도로 통행을 본격적으로 억제하려면, 체계적으로 열차를 공급할 필요가 있다. 또한 지방 분산을 이야기하려면, 춘천, 원주, 천안 등지는 인구와 산업이 계속 증가 중이라는 사실을 짚어야 한다. 현재 충청 북부와 영서까지는 수도권 도로와 철도망 개선으로 수도권과 분업 공간을 이루는 상태라고 보는 게 맞다. 나머지 삼남 지역은 각 권역 내부의 무궁화급

열차를 개선하고, 이들을 탄소 중립을 위한 도시의 뼈대로 활용하는 작업이 필요하다고 생각했다.

이러한 생각은 아마도 지금의 교통망을 건설한 앞 세대에 대한 불만에서 비롯되었을 것이다. 시대 변화에 따른 생각의 차이라는 느낌이 들었다. 그렇지만 논란에 참여했던 모두가 서로 공감한 내용은 분명 있었다. 교통정책은 궁극적으로 이용하는 시민의 시선에서 평가되어야 한다는 것, 그리고 지금은 이런 상식이 통하지 않는 상황이라는 것. 이것이 GTX의 세미나의 소득이었다.

최후의 워크숍, 그리고 4단계 수요추정모형

이 책에 실린 셋째 날과 넷째 날 인터뷰에서 조중래 선생이 보여준 것은 이른바 '4단계 수요추정모형'*의 일부분이다. 이 모형은 구역(zone)별 통행발생량을 추정하는 통행발생(Trip generation) 단계, 이 통행량이 어떤 존으로 얼마만큼 이동하는지 확인해 OD 행렬을 구축하는 통행배분(Trip distribution) 단계, 이렇게 배분된 통행량이 어떤 수단으로 이뤄지는지 점검하는 수

---

* 간단한 설명은 다음을 참조. 국가교통DB, "교통수요예측이란?"(https://www.ktdb.go.kr/www/contents.do?key=23).

단선택(Mode choice/Modal split) 단계, 각각의 수단을 택한 통행자들이 주어진 경로 가운데 어느 경로를 택해 구역 사이를 이동하는지 추정하는 통행배정(Trip assignment) 단계에 이르는 4단계를 밟아 통행량을 계산한다. 이 모형은 사람이 통행할 때 밟아나가는 사고 과정을 묘사한 것이다. 사람마다 필요한 통행량이 있고, 이를 해결하기 위해 다른 지역으로 이동해야 하며, 이 이동을 위해 수단을 선택해야 하고, 수단을 선택했으면 어떤 경로로 이동할 것인지 살펴 최종적으로 길을 결정하지 않던가?

[자료]에 나오는 모형들(Toy Network)은 통행발생, 통행배분 단계는 이미 이뤄졌다고 가정한 상태에서 수단분담률을 구하는 작업이 어떻게 이뤄지는지를 보여준다. 단, 경로는 수단별로 하나라서 통행배정이 별도로 수행되지는 않는다. 우리가 워크숍에서 확인한 것은 수단분담률 계산, 그리고 통행 경로 배정의 논리인 셈이다.

이 예제에서 다루지 않은 통행발생, 통행배분 단계의 경우, 구체적인 수요 예측 연구에서는 이미 국가가 구축사업을 통해 마련한 값을 사용한다. 이들 단계의 값을 연구자마다 다르게 사용하면 통행량 예측 결과를 서로 비교할 수 없기 때문이다. 통행발생량을 산출하기 위해 투입되는 숫자는 인구, 소득, 사업체 관련 데이터(종사자 수, 평균 임금 등)가 대표적이다. 인구에는 연령대별 가중치 등이 붙을 수 있다.

그리고 통행배분량을 산정하기 위해 사용되는 모형으로는 중력모형(Gravity model)이 대표적이다. 중력모형은 우리에게 익숙한 물리학 용어에서 왔다. 초기 사회물리학자들의 아이디어가 교통에 여전히 살아 있는 셈이다. 두 존의 통행량은 인구의 곱에 비례하고 거리의 n승에 반비례한다는 것이 이 모형의 내용이다($T=(g \times P^i \times P^j)/D^n$). n이 얼마인지, 중력상수에 해당하는 상수 g가 얼마인지는 주기적으로 업데이트해야 한다. 가구통행실태조사를 정기적으로 수행하고, 이 결과에 이들 모형을 적용해 생성된 존별 통행량 값은 국가교통DB에서 확인할 수 있다(단, 회원 가입과 신청이 필요하며, 지명이 모두 코드화되어 있어 사람이 곧바로 보기 위해서는 가공이 필요하다. 컴퓨터가 읽기 쉬운 형식으로 표준화된 '머신 리더블'한 데이터라고 보면 된다).

거칠게 말해, 통행배분 단계까지 밟아 작성된 데이터를 받아 그다음 단계를 수행하는 작업이 예타(및 여타 타당성 조사)의 교통수요 추정 작업이라고 보면 된다. 물론 국가교통DB에서 제시하는 데이터에는 데이터 수단선택이나 통행배정 역시 수행할 수 있도록 교통망이 포함되어 있다. 이 교통망은 데이터베이스 작성 시점에 존재하거나 이미 건설이 확정된 망이다. 이 망에 검토할 노선을 추가해 수단분담률과 그에 따른 통행배정이 어떻게 바뀌는지 확인하는 작업이 바로 예타 등에서 이뤄지는 수요 분석 연구의 요체이다.

수단선택-통행배정 단계에서는 함수가 이미 정해진 부분과 길마다 달라지는 부분이 있다. 인터뷰에서 언급한 대로 1분의 한계 효용(비용)은 미리 제시되어 있다. 다만 길마다 시간은 달라질 것이고, 특히 새 길이라면 시간은 기존 길과 조금이라도 달라질 것이다. 로짓모형으로 구한 선택 확률에 따라 길마다 통행 인원이 달라진다는 것은 이미 확인한 대로이다.

실제 예타에서는 통행배분 단계에서도 조정이 이뤄진다. 가령 개발사업을 반영 또는 삭제하거나, 기존 데이터에 없는 여타 망을 추가하는 식이다. 다만 이러한 조정의 범위를 제약하기 위해 전체 통행량은 변하지 않는다는 가정을 건다. 더불어 길에서 걸리는 시간을 정확히 정하려면 망 구조를 실제로 계획해야만 한다. 이런 계획을 위해서는 철도의 경우 상당한 기술적 세부사항이 필요하다. 존에서 역으로 접근해 실제 열차를 이용할 때까지 걸리는 시간인 평균 마찰시간 역시 사업마다 역마다 다를 수밖에 없다, 열차 빈도가 들쭉날쭉한 사업의 경우에는 열차 시각표에 따라서도 서로 다르게 평가해야 한다.[*]

[*]　김강수 등, 《도로 · 철도 부문 사업의 예비타당성조사 표준지침 수정 보완 연구(제5판)》, KDI PIMAC, 2008.

비용편익분석 내부의 심연

이렇게 새 길로 일어난 통행 변화량을 구한 다음에는 얻은 값을 돈으로 바꿔 계산해야 한다. 그래야 건설비, 운영비 등 새 길에 들여야 하는 사회적 비용과 비교할 수 있기 때문이다. 이 비교 작업이 바로 비용편익분석이다. 워크숍에서는 사회적 비용을 산출하는 작업은 하지 않고 통행 변화량을 돈으로 바꾸는 방법만 살펴보았다. 현재 제도에서 쓰고 있는 비용절감접근법과 조중래 선생이 보여주는 소비자잉여접근법이다.

두 접근법의 결과가 거대한 차이를 나타낸다는 것은 인터뷰에서 확인한 그대로이다. 이런 차이는 수요를 추정하는 방법이나 결과 때문에 나타난 것이 아니었다. 수요 추정은 완전히 같았다. 그러나 이렇게 추정된 수요를 어떤 의미로 받아들이는지에 따라, 즉 개념적 틀에 따라 계산 결과는 완전히 달라졌다. 게다가 비용절감접근법은 부분적으로 '마이너스 편익'을 발생시킨다고 본다는 점에서 개념적으로 받아들이기 어려웠다. 스스로 통행 경로를 선택한 결과가 사회적으로 마이너스가 된다니? 특히 속도가 느린 공공교통을 택하는 수요가 명백히 있는데도 이것을 사회적 마이너스로 나타내는 것은 이해하기 어려웠다. 반면 소비자잉여접근법은 계산 방법이 더 복잡하다는 점을 빼면 오히려 인간의 선택을 일관되게 설명할 수 있어 매력적이었다.

이것은 기존 비용편익분석의 개념적 틀, 즉 계량경제학의 개념적 틀 안에서도 거대한 편차가 발생할 수 있다는 사실을 보여준다. 두 방법은 정말 거의 모든 것을 공유하는데도 한 끗 차이로 완벽히 다른 결과가 나온다. 이 차이는 현재의 제도가 특정한 맥락과 상황에서 나타난 것일 뿐이며 사회적 선택에 따라 수정될 수 있는 것이지, 교통 현상의 본질을 포착한 불변의 무엇이 아니라는 강력한 증거이다. 비용절감접근법을 활용해 이뤄지는 현재의 비용편익분석 결과를 물신화하는 모든 말은 틀렸다.

좀 더 국지적인 문제이지만 웃지 못할 가정도 인터뷰에서 살펴볼 수 있었다. 수요 예측 과정에서 대중교통(버스, 철도) 통행자 1분의 효용은 승용차 통행자 1분의 효용과 분명 같다. 똑같은 사람이 통행에 들이는 비용에 따라 선택 확률이 서로 달라져서 그렇다. 그런데 실제 이들의 효용을 돈으로 번역할 때는 서로 다른 계수를 적용한다. 업무통행(출장자)의 경우에는 수단과 무관하게 시간당 동일 액수(22,725원)를 적용한다.* 전체 노

---

* 그런데 버스(17,260원/시)와 화물차(16,374원/시) 운전자의 경우 실제 이들 업종의 시간당 임금을 활용한다. 상대적으로 저임금인 직종일수록 교통

동자의 시간당 임금을 활용하기 때문이다. 그런데 비업무통행 자의 경우에는 승용차 9,748원, 버스 5,011원, 철도 5,033원을 적용한다.** 특히 출퇴근을 비업무통행으로 간주하는 만큼 대 부분의 대중교통 통근통행은 비업무통행으로 간주되며,*** 예 타에서 승용차의 절반 가치로 평가된다. 이는 통행가치를 구할 때 상대적으로 높은 승용차의 이용자 비용, 그리고 상대적으로 낮은 버스와 철도의 이용자 비용(운임)을 반영하기 때문이다. 대중교통 이용객의 주머니 사정을 고려해 낮게 설정한 통행 요 금이 새 길을 만들기 위한 평가에서는 오히려 버스와 철도망의 경제성을 낮게 평가하는 데 결정적으로 기여하는 셈이다.

기후 위기에 대응해 자동차 통행을 억제하기 위해 주행세 와 혼잡통행료를 물리고 고속도로 요율도 올린다면, 그리고 그 에 맞춰 공공교통 요금을 억제한다면, 아마도 자동차 통행을 개 선하는 투자의 대중교통 투자 대비 가치는 더욱더 올라갈 것이 다. 이 역시 지금의 비용편익분석 결과를 교통 투자의 본질을 포

망 개선의 효과가 낮다고 보는 것이다.
** 이승헌, 《예비타당성조사 수행을 위한 통행시간가치 산정에 관한 연구》, KDI PIMAC의 수치에 2012년 대비 2018년의 물가 수준을 곱한 값이 2023년 초 발행된 철도 부문 예타에 사용되고 있었다.
*** 통상 버스는 재차인원의 90%, 철도는 80% 이상(도시·광역철도는 90% 이상)을 비업무통행자로 계산한다.

착한 불변의 값으로 물신화할 수 없다는 강력한 증거이다.

더불어 비용절감접근법은 대중교통에 부속해서 이뤄질 수밖에 없는 통행인 자전거, 도보 개선 사업은 평가하지도 않는다. 평가와 모형을 단순화하는 방법임은 이해할 수 있으나, 실제 이용객의 관점과는 가장 거리가 먼 평가 방법이다.

사회적 할인율과 비용편익비

논의가 생략된 부분에도 중요한 쟁점이 숨어 있다. 바로 '사회적 할인율'이다. 사회적 할인율이란 미래의 불확실성을 반영하기 위해 미래의 편익과 비용을 현재의 편익과 비용보다 낮은 가치로 계산하기 위해 곱하는 계수이다. 정의상 그 값은 0%에서 100% 사이의 백분율로 제시된다. 사회적 변화가 빠른 개도국일수록 높고 완만해진 선진국일수록 낮다. 한국의 예타 등에서 쓰이는 값 역시 지속해서 낮아졌다. 최근에 사용되는 값은 4.5%이다.

그런데 이 값을 실제로 적용하면 미래 가치는 빠르게 낮아진다. 오른쪽 그래프에서 확인할 수 있듯이 가치의 반감기는 15년, 즉 일정액의 현금은 15년마다 절반으로 가치가 줄어든다고 생각하면 된다. 50~60년 뒤의 가치는 10% 남짓에 불과하며

1세기 뒤는 사실상 의미가 없다.

　물론 미래를 위해 사회적 할인율을 무턱대고 낮출 수는 없다. 교통망 건설에는 오늘 소비할 수 있는 돈이 들어가기 때문이다. 이 돈의 가치를 미래에 실현될 불확실한 가치와 대조하는 것이 비용편익분석의 목적이다. 오늘 확실히 쓸 수 있는 100원을, 올지 안 올지 모를 미래를 위해 유보하는 데는 한계가 있어야 한다. 바로 이런 의미에서 교통망 투자에 사회적 할인율을 적용하는 것은 타당하다.

　철도를 비롯한 교통망은 도시와 사회의 공간적 미래를 설계하는 뼈대이다. 130년 전 결정된 경부선 노선은 지금도 한국의 도시 체계를 지배하고 있으며, 아마도 백 년 뒤까지 그럴 것이다. 미래의 가치를 현재에 비해 더 낮게 평가할수록 이런 장

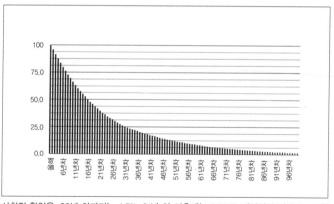

사회적 할인율. 30년 차까지는 4.5%, 31년 차 이후에는 3.5%로 계산하면 미래의 100원은 올해의 100원에 비해 얼마만큼의 가치인가?

기적 효과는 다룰 수 없게 된다.

기후 위기는 여기서도 중요하다. 사회적 할인율을 더 낮추어야 한다는 주장의 근거로 유력하기 때문이다. 가령 기후 위기에서 가장 중요한 보고서인 <스턴 보고서(Stern Review: The Economics of Climate Change)>는 순수시간 할인율을 0.1~1.5%로 두고 계산했는데, 1%의 할인율은 곧 인류의 100년 뒤 생존 확률을 37% 정도로 볼 경우에나 타당하다고 간주했다.* 길에 대한 투자는 시설물의 수명만을 감안하면 이보다 더 높은 할인율을 설정할 수 있다. 하지만 길이 도시의 뼈대로 수백 년간 그대로 쓰일 수 있다는 점을 감안하면 지금보다 낮은 할인율이 적절할지 모른다. 아무튼 할인율을 1.5%로 간주하더라도 가치의 반감기는 약 50년이다. 지금의 할인율에 비해 가치의 반감기가 3배 정도 길어진다는 뜻이다. 수단 전환으로 인한 탄소 감축의 경우 IPCC 시나리오를 반영한 할인율인 1.4%가량을 적용하는 데 무리가 없을 것이다.**

사회적 할인율에 얽힌 기술적 쟁점 또한 지적할 가치가 있다. 비용편익분석의 결과로 제시되는 값은 비용편익비뿐 아

*   Stern, N., *Stern Review: The Economics of Climate Change*, 2006. p. 629.
**   이지웅, <기후변화, 세대 간 정의 그리고 사회적 할인율>, 에너지경제연구원 2015년도 연구성과 발표회.

니라 내부수익률, 순현재가치도 있다. 《비용편익분석》 교과서***에 따르면 순현재가치란 사회적 할인율을 고려해 계산한 편익에서 비용을 뺀 값이고, 내부수익률이란 편익과 비용이 서로 같은 크기가 되는 사회적 할인율을 의미한다. 예타 등에서는 비용편익분석 결과로 비용편익비와 함께 이들 값이 제시되지만 거의 언급되지 않는다. 비용편익비를 보완하기 위해 반드시 함께 활용되어야 하는 값인데도 말이다. 가령 여러 대안이 충돌할 때는 단순히 비용편익비보다 순현재가치가 더 큰 사업이 사회 전체에 이익이 될 것이다. 또한 내부수익률은 사회적 할인율이 어느 수준까지 내려가야 사회적 편익이 나타날지 보여주는 기준선이라는 점에서 비용편익비와 함께 확인해야 할 필요가 있다. 미래 변화가 점점 둔화되면서 현재의 사회적 할인율이 낮아진다면, 더 낮은 사회적 할인율을 기록하는 사업의 편익 역시 더욱 커질 것이다.

비용편익분석의 바깥

비용편익분석의 배후에는 복잡한 절차와 계수, 가정이 있

*** 다음 교과서를 시중에서 구할 수 있다. 이남수·배득종·이효·신두섭, 《비용편익분석》, 오래, 2021.

분석 기법	장점	단점
편익/비용비	• 이해 용이 • 사업 규모 고려 가능 • 비용편익 발생 기간의 고려	• 편익과 비용의 명확한 구분 곤란 • 상호배타적 대안 선택의 오류 발생 가능 • 사회적 할인율의 파악
내부수익률	• 사업의 수익성 측정 가능 • 타 대안과 비교가 용이 • 평가과정과 결과 이해가 용이	• 사업의 절대적 규모 고려치 않음 • 몇 개의 내부수익률이 동시에 도출될 가능성 내재
순 현재가치	• 대안 선택 시 명확한 기준 제시 • 장래 발생 편익의 현재가치 제시 • 한계 순 현재가치 고려 • 타 분석에 이용 가능	• 할인율의 분명한 파악 • 이해의 어려움 • 대안 우선순위 결정 시 오류 발생 가능

경제성 분석 기법 비교. 정우현 등, 〈문경~김천 단선전철 사업〉, KDI PIMAC, 2023.

다. 절차, 계수, 가정은 모두 불변의 무언가일 수 없다. 오히려 현실의 제도에서 쓰이는 이들 절차, 계수, 가정은 여러 가능한 선택지 가운데 현실적 이유에 따라 하나를 선택한 결과이며, 다른 것을 선택하면 그 결과는 크게 변화할 수 있다. 가령 인터뷰에서는 완전히 같은 수요 변화라 할지라도 소비자잉여접근법을 사용하면 편익의 규모가 극단적으로 커진다는 사실을 보여준다. 또한 사회적 할인율을 현재의 4.5%에서 1%만 낮추어도 사업의 편익은 10% 넘게 증대하며,* 출퇴근 통행자의 시간

---

*   매년 각 년도 기준 100원의 편익이 발생할 경우, 30년 총편익의 현재가치는 할인율이 4.5%일 때 1,564원, 3.5%일 때 1,776원으로 후자가 14% 크다. 다만 운영비용의 현재가치도 같은 비율로 커져 비용편익비가 이 비율과 똑같이 증가할 수는 없다. 그러나 그리 멀지 않은 시점에 지출되는 건설비의 현재가치는 거의 변화하지 않는다. 따라서 비용 가운데 건설비 비중이 큰 사업일수록 할인율을 낮춤에 따라 비용편익비는 커질 것이다.

가치를 더 높게 평가하거나 대중교통 비업무통행자의 시간가치를 승용차에 준해 평가하면 대중교통 투자의 가치는 더 높게 평가될 것이다.

결국, 현재의 절차 내부를 수정하는 것만으로도 중요한 변화를 일으킬 수 있다. 하지만 이 변화 속에는 다른 수많은 중요한 (경제적) 쟁점이 누락될 수밖에 없는 것도 사실이다. 가령 GTX 세미나에서 의제가 되었던 스프롤 문제, 또는 도시 기능의 분산 문제는 이 틀 속에 반영하기 매우 어렵다. 4단계 수요추정 모형으로 확인할 수 있는 것은 교통망의 변화로 인한 수요 변화이지 주변 도시의 변화는 아니다. 더불어 수요의 과다 추정을 방지한다는 이유에서 수요가 불변한다고 가정한 이상, 도로 증설로 빚어지는 수요 유도를 타당성 조사에서 확인해 판단에 반영하기도 어렵다. 또한 기후 위기에 대응하기 위해서는 자동차 이동량을 감축하지 않으면 안 되지만, 이를 위한 여러 조치는 결국 사회적 비용만 불러일으키는 조치로 간주될 것이다.

도시의 과밀로 인한 비용, 도시의 스프롤로 인한 비용, 과도한 자동차 이동으로 인한 비용 모두 경제학이 다뤄야 할 영역임은 틀림없다. 그러나 이들을 계산하는 절차가 아직 충분하지 않은 상태에서 명확히 수치를 비교하긴 어렵다. 이때 우리가 할 수 있는 것은 판단의 근거와 우선순위를 명시해 이뤄지는 견고한 전략적 판단, 그리고 이 전략적 판단을 현실에 구현할 적시의 전술적 개입뿐이다. 그렇지만 이러한 전략적 판단, 그리고 전술적 개입이 필요하다는 목소리는 점점 더 사라져 간다. 더 많은 도로를, 주차장을, 자동차를 원하는 이해관계자들의 목소리는 크고, 실제로 (현재는 물론 기후 위기 시대의 미래를 살아갈) 시민을 위한 공공교통을 구성해야 한다는 목소리는 거의 들리지 않는다.

기존 제도의 틀을 흔들지 않는 한에서 쉽게 수행할 수 있는 개입의 방법은 있다. 철도의 경우 우선 소비자잉여접근법을 폭넓게 적용하는 것이다. 대중교통 비업무통행자의 시간가치를 승용차와 동률로 평가하는 것도 방법이다. 더불어 중장기 도시구조 차원에서 영향을 미치는 것을 목적으로 하는 철도 노선은 할인율을 다른 사업, 예컨대 도로보다 낮게 평가하는 것이다.* 이런 개입을 가능하게 하려면 결국, 지금의 교통수요분석과 비용편익분석이 가진 논리적·현실적 한계를 명확히 하고 그 결과를 물신화하는 모든 접근을 무너뜨리는 작업이 최우선일 수밖에 없다.

조중래 선생과의 마지막 인터뷰는 바로 이 작업이었다. 교

---

* 가령 도보 이용객, 버스 환승객한테서 온 편익을 승용차 환승 승객과 구분하고, 두 승객의 할인율을 다르게 설정하는 방식도 생각할 수 있다.

통 투자의 효과를 사전에 분석하기 위한 제도는 계속해서 누적되어 거대한 성채를 쌓아 나가지만, 결국에는 분석 결과를 나타내는 숫자 하나만 유령처럼 떠돈다. 이 유령의 정체를 파악하려면 이 유령이 산출된 '성채'를 해부하고 그 내부의 논리적 구조를 짚어 나가는 과정이 필요하다. 이 과정의 끝에서야 비로소 시민을 소외시키는 교통 투자의 현실이 바로 설 수 있을 것이다.

삶의 마지막에도 통증을 참으며 자신의 방법론적 제안을 시민에게 펼쳐 보이고자 했던 인간 조중래의 모습에 경의를 보내며 책을 마친다.

교통시설 투자 편익 산정의 문제점과 개선 방안

2019, 조중래 | 명지대학교

■ 편익 산정 방법론　　　　　　　　　　　　　　　　　　　　　　2

가. Cost-Saving Approach
 − 운행비용, 통행시간비용, 사고비용, 환경비용 등 비용의 절감을
　 편익으로 산정함
 − 현재 예비타당성조사, 투자 평가 등에 적용되는 기법

나. Consumer Surplus Approach
 − 소비자 잉여 기반의 편익 산정 방법
 − 전체 수단의 효용을 기반으로 소비자 잉여를 계산
 − 새로운 수단의 도입과 정성적 요인을 포함한 편익 산출

■ 기존 편익 분석 방법의 문제점

- 공급자 관점 비용 중심의 편익 산정 기법(Cost-Saving Approach)
- 편익의 정의: 통행시간 단축, 통행비용 단축
- 도로: 대중교통수단으로부터의 수요 전환 효과가 없는 것으로 가정
- 저속/신 교통수단 도입 시 '부의 편익' 발생
- Cost-Saving Approach를 통한 편익 산정 방법에 대한 개념적·이론적재해석 필요

■ 기존 편익 분석 방법의 문제점　　　　　4

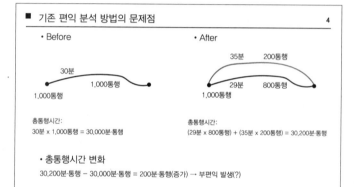

• Before

30분
1,000통행
1,000통행

• After

35분　200통행
29분　800통행
1,000통행

총통행시간:
30분 x 1,000통행 = 30,000분·통행

총통행시간:
(29분 x 800통행) + (35분 x 200통행) = 30,200분·통행

• 총통행시간 변화

30,200분·통행 − 30,000분·통행 = 200분·통행(증가) → 부편익 발생(?)

■ 기존 편익 분석 방법의 문제점　　　　　5

Group	Trips	Before	After	Better or Worse
Group A	800	30분	29분	Better
Group B	200	30분	35분	Worse?

• Group B에 속한 200명은 새로운 교통수단을 이용하게 됨으로써 이전보다 통행 여건이 나빠지게 되었을까요? 만약 그렇다면, 그들은 왜 새로운 교통수단을 사용하게 되었을까요? 현실적으로 가능한 일일까요?

■ Cost-Saving Benefit과 Consumer Surplus Benefit 비교　　　　　6

- 비용 절감 ≠ 편익

가. 상황1
- 현재의 물 1병의 시장가격 = 1,000원
- 현수 : "물 1병이 2,000원 한다 해도 사 먹을 거야"(현수의 지불의사가격 = 2,000원)
나. 상황2
- 현수가 물을 사려고 근처 편의점에 들렀다.
- 편의점에서는 물 1병을 700원에 할인해서 팔고 있었다.
다. 비용 절감과 편익
- 비용 절감 = (시장가격) − (실제 구입가격)
　　　　　= 1,000원 − 700원 = 300원
- 현수의 편익 = (현수의 지불의사가격) − (실제 구입가격)
　　　　　= 2,000원 − 700원 = 1,300원

■　Cost-Saving Benefit과 Consumer Surplus Benefit 비교　　　　　7

- Fixed Demand vs. Variable Demand

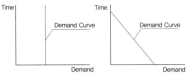

〈Fixed Demand Case〉　　　　　〈Variable Demand Case〉

- Fixed Demand Case : 교통시설 투자로 교통수단 간에 수요 전환이 발생하지 않는다고
　　　　　가정하는 경우(ex: 대부분의 도로투자사업)
- Variable Demand Case : 교통시설 투자로 교통수단 간에 수요 전환이 발생한다고
　　　　　가정하는 경우(ex: 대부분의 대중교통투자사업)

■　Cost-Saving Benefit과 Consumer Surplus Benefit 비교　　　　　8

- Fixed Demand Case

- Cost-Saving Benefit　　　　　　　　　　　- Consumer Surplus Benefit

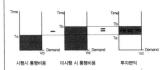

〈Fixed Demand Case의 비용 절감 편익〉

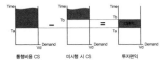

〈Fixed Demand Case의 소비자 잉여 편익〉

■ Cost-Saving Benefit과 Consumer Surplus Benefit 비교

• Variable Demand Case

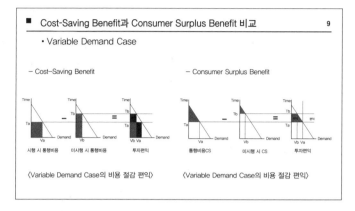

— Cost-Saving Benefit   — Consumer Surplus Benefit

시행 시 통행비용   미시행 시 통행비용   투자편익   통행비용CS   미시행 시 CS   투자편익

〈Variable Demand Case의 비용 절감 편익〉   〈Variable Demand Case의 비용 절감 편익〉

■ Demand Curve와 Consumer Surplus

10

$$\Delta CS = \int_{T_b}^{T_a} D(w)dw$$

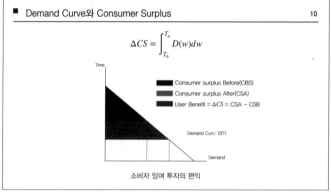

Consumer surplus Before(CBS)
Consumer surplus After(CSA)
User Benefit = ΔCS = CSA − CSB

Demand Curv: D(T)

소비자 잉여 투자의 편익

■ Consumer Surplus 분석 방법

• Consumer Surplus 산출식

— Demand Function

일반적인 수단선택모형 : 로짓모형

$D_a = NP_a$, $D_b = NP_b$, $D_s = NP_s$
D_a, D_b, D_s : 각각 승용차, 버스, 지하철 수요함수(이용자수)
P_a, P_b, P_s : 각각 승용차, 버스, 지하철 선택확률
N : 총 통행자수

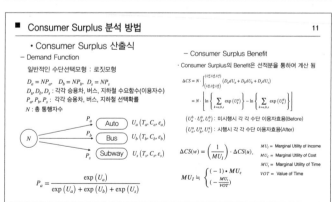

$$P_a = \frac{\exp\left(U_a\right)}{\exp\left(U_a\right) + \exp\left(U_b\right) + \exp\left(U_s\right)}$$

— Consumer Surplus Benefit

· Consumer Surplus의 Benefit은 선적분을 통하여 계산 됨

$$\Delta CS = N \cdot \int_{(U_a^b, U_b^b, U_s^b)}^{(U_a^a, U_b^a, U_s^a)} \left(D_a dU_a + D_b dU_b + D_s dU_s\right)$$

$$= N \cdot \left| \ln\left\{ \sum_{k=a,b,s} \exp\left(U_k^a\right) \right\} - \ln\left\{ \sum_{k=a,b,s} \exp\left(U_k^b\right) \right\} \right|$$

(U_a^b, U_b^b, U_s^b) : 미시행시 각 각 수단 이용자효용(Before)
(U_a^a, U_b^a, U_s^a) : 시행시 각 각 수단 이용자효용(After)

$$\Delta CS(w) = \left(\frac{1}{MU_I}\right) \cdot \Delta CS(u),$$

$$MU_I \fallingdotseq \begin{cases} (-1) \cdot MU_c \\ \left(-\frac{MU_t}{VOT}\right) \end{cases}$$

MU_I = Marginal Utility of Income
MU_c = Marginal Utility of Cost
MU_t = Marginal Utility of Time
VOT = Value of Time

■ Toy Network 분석

• 분석의 전제 조건

－ 도로지체함수

$$T = T_0 \left[1 + 0.15(V/C)^4 \right]$$

－ 수단선택모형

$$P_k = \frac{exp\ (U_k)}{\sum_m^n exp\ (U_m)},\ U_m = (-0.03) \cdot T_m$$

－ 통행 시간가치

Cost-Saving Approach	Consumer Surplus Approach
－ 통행수단별 시간가치 적용 VOT(승용차) = 12,000(원/인·시간) VOT(버스) = 6,000(원/인·시간) VOT(지하철) = 6,000(원/인·시간)	－ 통행목적별 시간가치 적용 － 수단별 가중평균 적용 $VOT = \sum_k P(k) \cdot VOT(k)$ P(k) = 수단 K의 분담률

－총통행량: 30,000통행/일

■ Toy Network 분석: 사례 1

13

• 새로운 대중교통수단 신설(철도)

－ Network

철도(신설)
도로
버스전용차로

－ Network 속성

구분	존 간 거리(km)	차로수	용량	자유속도(km/h)	비고
Higway	10.0	1	15,000	60.0	
HOV Line	10.0	－	－	35.0	
Railway	10.0	－	－	35.0	신설

■ Toy Network 분석: 사례 1

• Cost-Saving Benefit

〈미시행 시 배정 결과 및 총통행시간〉

구분		V_0(trip/일)	분담률(%)	Time(분)
시행	Auto	16,151	53.8	12.02
	Bus	13,849	46.2	17.14

Auto Total Time: 16,151(trip/일) x 12.02(분) =194,135.02(분)
Bus Total Time: 13,849(trip/일) x 17.14(분) = 237,371.86(분)
Total Time: 431,506.88분

〈총 통행시간 변화 = (시행 시-미 시행시)〉

Auto Total Time 차이: 119,330.25 － 194,135.02 = － 74,744.77(분)
Bus Total Time 차이: 159,653.95 － 234,371.86 = － 74,717.91(분)
Rail Total Time 차이: 159,653.95 － 0 = 159,653.95(분)
Total Time: 438,698.15 － 431,506.88 = 7,191.27(분)

〈시행시 배정결과 및 총통행시간〉

구분		V_0(trip/일)	분담률(%)	Time(분)
시행	Auto	11,370.5	37.9	10.50
	Bus	9,314.7	31.0	17.14
	Rail	9,314.7	31.0	17.14

Auto Total Time: 11,370.5(trip/일) x 10.50(분) = 119,390.25(분)
Bus Total Time: 9,314.7(trip/일) x 17.14(분) = 159,653.25(분)
Rail Total Time: 9,314.7(trip/일) x 17.14(분) = 159,678.15(분)
Total Time: 438,699.22분

〈Cost-Saving Benefit〉

－Benefit = (74,744.77/60) x 12,000(원/시)
= (74,717.91/60) x 6,000(원/시)
= (-159,653.95/60) x 6,000(원/시)
= 6,455,350(원/일)
－40년 현가 = 478.2(억 원)(할인율: 4.5%)

• Consumer Surplus

〈미시행 시 배정 결과 및 총통행시간〉

구분		V_0(trip/일)	분담률(%)	Time(분)
시행	Auto	16,151	53.8	12.02
	Bus	13,849	46.2	17.14

$U_A = -0.03 \times 12.02 = -0.36048$
$U_B = -0.03 \times 17.14 = -0.514286$

〈Change in Average Consumer Surplus〉

$\Delta ACS(u) = \ln \left(e^{(-0.314858)} + e^{(-0.514286)} + e^{(-0.514286)} \right)$
$\qquad - \ln \left(e^{(-0.360488)} + e^{(-0.514286)} \right)$
$\qquad = -0.3996(u)$

$\Delta ACS(원) = \left(\frac{1}{MU_i} \right) \cdot \Delta ACS(u) = \left(-\frac{VOT}{MU_i} \right) \Delta ACS(u)$
$\qquad = \left(\frac{138.0}{0.03} \right) \cdot (0.3996) = 1,824.36(원/통행)$

〈시행 시 배정 결과 및 총통행시간〉

구분		V_0(trip/일)	분담률(%)	Time(분)
시행	Auto	11,370.5	37.9	10.50
	Bus	9,314.7	31.0	17.14
	Rail	9,314.7	31.0	17.14

$U_A = -0.03 \times 10.50 = -0.314858$
$U_B = -0.03 \times 17.14 = -0.514286$
$U_R = -0.03 \times 17.14 = -0.514286$
$VOT = [(12,000 \times 0.38) + (6,000 \times 0.62) \div 60] = 138.0(원/분)$

〈Consumer Surplus Benefit〉

－Benefit = 1,824.36(원/통행) x 3,000(통행/일)
$\qquad$ = 54,730,810(원/일)

－40년 현가 = 3,875.8(억 원)(할인율: 4.5%)

• 편익 분석 결과 비교

－ 수요 분석 결과

구분	미시행	시행	증감
Auto	16,151(53.8%)	11,370.5(38.0%)	−1,780.7(−15.8%)
Bus	13,849(46.2%)	9,314.7(31.0%)	−4,534.0(−15.2%)
Rail	−(−)	9,314.7(31.0%)	−(−)

－ 편익 산정 결과 비교

구분	Cost–Saving Benefit	Consumer Surplus Benefit
편익(만원/일)	675	5,473
40년 현가(억원)	478.2	3,875.8

• 기존 대중교통수단 개량(철도)

－ Network

철도(개량)
도로
버스전용차로

－ Network 속성

구분	존 간 거리(km)	차로수	용량	자유속도(km/h)	비고
Higway	10.0	1	15,000	60.0	
HOV Line	10.0	−	−	35.0	
Railway	10.0	−	−	35.0	신설
				50.0	개량

• Cost-Saving Benefit

〈미시행 시 배정 결과 및 총통행시간〉

구분		V_0(trip/일)	분담률(%)	Time(분)
시행	Auto	11,370.5	37.9	10.50
	Bus	9,314.7	31.0	17.14
	Rail	9,314.7	31.0	17.14

Auto Total Time: 11,370.5(trip/일) x 10.50(분) = 119,336.87(분)
Bus Total Time: 9,314.7(trip/일) x 17.14(분) = 149,681.17(분)
Rail Total Time: 9,314.7(trip/일) x 17.14(분) = 149,681.17(분)
Total Time: 438,699.21분

〈총통행시간 변화 = (시행 사-미시행 시)〉

Auto Total Time 차이: 112,886.31 − 119,336.87 = − 6,450.57(분)
Bus Total Time 차이: 151,900.56 − 159,681.17 = − 7,780.61(분)
Rail Total Time 차이: 125,008.98 − 159,681.17 = − 34,672.19(분)
Total Time: 389,795.85 − 438,699.21 = 48,903.36(분)

〈시행 시 배정 결과 및 총통행시간〉

구분		V_0(trip/일)	분담률(%)	Time(분)
시행	Auto	10,844.3	36.2	10.41
	Bus	8,860.9	29.5	17.14
	Rail	10,294.9	34.3	12.14

Auto Total Time: 10,844.3(trip/일) x 10.41(분) = 112,886.31(분)
Bus Total Time: 8,860.9(trip/일) x 17.14(분) = 151,900.56(분)
Rail Total Time: 10,294.9(trip/일) x 12.14(분) = 125,008.98(분)
Total Time: 389,795.85분

〈Cost-Saving Benefit〉

− Benefit = (6,450.57/60) x 12,000(원/시)
= (7,780.61/60) x 6,000(원/시)
= (32,672.19/60) x 6,000(원/시)
= 21,503,510(원/일)
− 40년 현가 = 1,522.8(억 원)(할인율 : 4.5%)

• Consumer Suplus Benefit

〈미시행 시 배정 결과 및 총통행시간〉

구분		V_0(trip/일)	분담률(%)	Time(분)
시행	Auto	11,370.5	37.9	10.50
	Bus	9,314.7	31.0	17.14
	Rail	9,314.7	31.0	17.14

$U_A = -0.03 \times 10.50 = -0.442222$
$U_B = -0.03 \times 17.14 = -0.514286$
$U_R = -0.03 \times 17.14 = -0.514286$

〈Change in Average Consumer Surplus〉

$\Delta ACS(u) = \ln \left(e^{(-0.312293)} + e^{(-0.514286)} + e^{(-0.364286)} \right)$
$- \ln \left(e^{(-0.442222)} + e^{(-0.514286)} + e^{(-0.514286)} \right)$
$= 0.4217(u)$

$\Delta ACS(\text{분}) = \left(\dfrac{1}{MU_i} \right) \cdot \Delta ACS(u) = \left(-\dfrac{VOT}{MU_i} \right) \Delta ACS(u)$
$= \left(\dfrac{136.1}{0.03} \right) \cdot (0.4217) = 1,913.91(원/통행)$

〈시행 시 배정 결과 및 총통행시간〉

구분		V_0(trip/일)	분담률(%)	Time(분)
시행	Auto	10,844.3	36.2	10.41
	Bus	8,860.9	29.5	17.14
	Rail	10,294.9	34.3	12.14

$U_A = -0.03 \times 10.41 = -0.312293$
$U_B = -0.03 \times 17.14 = -0.514286$
$U_R = -0.03 \times 12.14 = -0.364286$
VOT = [(12,000 x 0.362) + (6,000 x 0.638) ÷ 60 = 136.1(원/분)

〈Consumer Surplus Benefit〉

− Benefit = 1,9139.91(원/통행) x 30,000(통행/일)
= 57,417,363(원/일)
− 40년 현가 = 4,066.1(억 원)(할인율: 4.5%)

• 편익 분석 결과 비교

− 수요 분석 결과

구분	미시행	시행	증감
Auto	11,370.5(38.0%)	10,844.3(36.2%)	−526.2(−1.8%)
Bus	9,314.7(31.0%)	8,860.0(29.5%)	−453.8(−1.5%)
Rail	9,314.7(31.0%)	10,294.9(34.3%)	980.2(3.3%)

− 편익 산정 결과 비교

구분	Cost-Saving Benefit	Consumer Surplus Benefit
편익(만 원/일)	2,150	5,742
40년 현가(억 원)	1,522.8	4,066.1

21

■ 교통 투자사업 편익 분석 접근 방법(안)

• 교통수단의 구분

구분	선택 가능 교통수단	선택 불가능 교통수단
정의	통행자가 선택적으로 이용하는 교통수단	통행자가 통행자의 의지대로 선택할 수 없는 수단
교통수단	승용차, 택시, 노선버스 도시철도 등	기타 버스, 화물 등
수요의 특징	Variable Demand	Fixed Demand
편익 방법 계산	Consumer Surplus Approach	Cost-Saving Approach

• 통행비용

Total Cost = {User Cost, External Cost}

User Cost = {시간비용,운행비용,주차비용,사고비용 등}

External Cost = {소음비용,대기오염비용 등 환경비용}

• Consumer Surplus Benefit 구성 항목

– 모든 User Cost의 절감으로 발생되는 편익

– 시간비용 절감 편익, 운행비용 절감 편익, 주차비용 절감 편익, 사고비용 절감 편익 등

■ Consumer Surplus 적용 시의 교통 투자사업 편익 항목 검토

• 교통 투자사업 편익 항목 검토

구분	교통수단	User Benefit	External Cost Saving
선택적 교통수단 (Variable Demand)	승용차, 택시, 노선버스, 도시철도	소비자 잉여 편익	환경비용 절감 편익 (대기오염, 소음)
비선택적 교통수단 (Fixed Demand)	기타 버스, 화물	통행시간 절감 편익 운행비용 절감 편익	

• 교통 투자사업의 총편익

총 편익 = (선택적 교통수단의 소비자 잉여 편익)
  + (비선택적 교통수단의 통행시간 절감 편익)
  + (비선택적 교통수단의 운행비용 절감 편익)
  + (환경비용 절감 편익)

■ 실증분석 사례(1)

• 트램노선 신설 사업

1. 노선 정보

구분	내용
총연장	약 5km
정류장 및 차량기지	정거장 10이 개소
표정속도	20~25km/h
운전시격	첨두 5~15분

2. 영향권 수단분담률

(단위 : 천통행/일,%)

구분		Auto	Taxi	Bus	Rail	B+R	Total
미시행	통행량	182	34	125	21	31	394
	비율	46.3	8.8	31.8	5.2	7.8	100.0
시행	통행량	177	33	123	30	30	394
	비율	44.9	8.6	31.3	7.5	7.7	100.0
차이	통행량	−5	−0.8	−2	9	−0.4	−
	비율	−1.4	−0.3	−0.5	2.3	−0.1	−

3. 노선 이용수요: 18,057통행/일

– Cost-Saving Approach

(단위 : 억 원)

운행비용 절감편익	통행시간 절감편익		사고비용 절감편익	환경비용 절감편익	주차비용 절감편익	편익 합계
	도로	대중교통				
89.9	104.7	−93.7	8.5	7.0	12.8	129.2

– Consumer Surplus Approach

선택 가능 교통수단 소비자 잉여 편익	선택 불가능 교통수단		환경비용 절감편익	편익 합계
	운행비용	통행시간		
233.7	5.2	0.9	7.0	246.8

– 결과 비교

편익 분석 방법	편익(억 원)
Cost-saving Approach(a)	129.2
Consumer Surplus Approach(b)	246.8
편익비(b/a)	1.91

■ 실증분석 사례(2)

• 지하철노선 연장 사업

1. 노선 정보

구분	내용
총연장	약 10km
정류장 및 차량기지	6개소
표정속도	45~50km/h
운전시격	첨두시 6분

2. 영향권 수단분담률
(단위 : 천통행/일,%)

구분		Auto	Taxi	Bus	Rail	B+R	Total
미시행	통행량	17,987	3,328	7,061	6,064	3,050	36,490
	비율	46.55	9.12	19.35	16.62	8.36	100.0
시행	통행량	17,966	3,327	7,060	6,074	3,062	36,490
	비율	46.50	9.12	19.35	16.65	8.39	100.0
차이	통행량	-21	-0.7	-1	10	12	-
	비율	-0.06	0.00	0.00	0.03	0.03	-

3. 노선 이용수요: 48,723통행/일

– Cost-Saving Approach
(단위 : 억 원)

운행비용 절감편익	통행시간 절감편익		사고비용 절감편익	환경비용 절감편익	주차비용 절감편익	편익 합계
	도로	대중교통				
281.1	385.4	76.7	30.3	25.8	24.8	824.1

– Consumer Surplus Approach

선택 가능 교통수단 소비자 잉여 편익	선택 불가능 교통수단		환경비용 절감편익	편익 합계
	운행비용	통행시간		
980.49	2.6	10.5	25.8	1,019.39

– 결과 비교

편익 분석 방법	편익(억 원)
Cost-saving Approach(a)	824.1
Consumer Surplus Approach(b)	1,029.39
편익비(b/a)	1.24

25

■ 실증분석 사례(3)

• 광역급행철도 신설 사업

1. 노선 정보

구분	내용
총연장	약 48km
정류장 및 차량기지	정거장 7개소
표정속도	90~100km/h
운전시격	첨두 5분~10분

2. 영향권 수단분담률
(단위 : 천통행/일,%)

구분		Auto	Taxi	Bus	Rail	B+R	Total
미시행	통행량	17,657	3,413	6,882	6,268	3,100	37,320
	비율	47.3	9.1	18.4	16.8	8.3	100.0
시행	통행량	17,595	3,411	6,873	6,311	3,130	37,320
	비율	47.1	9.1	18.4	16.9	8.4	100.0
차이	통행량	-62	-2	-9	43	30	-
	비율	-0.2	0.0	0.0	0.1	0.1	-

3. 노선 이용수요: 295,844통행/일

– Cost-Saving Approach
(단위 : 억 원)

운행비용 절감편익	통행시간 절감편익		사고비용 절감편익	환경비용 절감편익	주차비용 절감편익	편익 합계
	도로	대중교통				
674.4	750.2	1,303.1	68.9	51.9	68.3	2,916.8

– Consumer Surplus Approach

선택 가능 교통수단 소비자 잉여 편익	선택 불가능 교통수단		환경비용 절감편익	편익 합계
	운행비용	통행시간		
12,078	5.5	23.4	51.9	12,158.8

– 결과 비교

편익분석 방법	편익(억 원)
Cost-saving Approach(a)	2,916.8
Consumer Surplus Approach(b)	12,158.8
편익비(b/a)	4.26

26

■ 결론: 투자 평가 방법 개선 방안

– 현재의 분석 방법은 투자로 인한 편익 산정이 아니라 비용 절감 효과를 분석하는 것임

– 따라서 교통 SOC 투자로 인한 편익이 전체적으로 (매우) 저평가되고 있음

– Consumer Surplus Approach를 적용하여 실질적인 편익을 산출하여야 함

– 또한 도로 평가의 경우, 다른 수단으로부터의 수요 전환 효과를 포함하여야 함

[참고자료] 알아두면 좋은 교통 관련 웹사이트

- 교통안전공단(https://www.kotsa.or.kr/)

  모든 차량의 의무 사항인 자동차 안전 검사를 통해 수집한 데이터를 바탕으로 자동차 주행거리 통계를 발표한다. 또한 대중교통현황조사에 기반해 국가대중교통DB(https://www.kotsa.or.kr/ptc/)를 운영한다. 보행, 교통안전, PM 등의 다양한 영역에 관해서도 연구한다.

- 국가교통DB(https://www.ktdb.go.kr/)

  국가가 구축한 전국 여객·화물 통행 데이터를 수록하고 있으며, 실제로 이 데이터를 기반으로 예비타당성조사 등이 이루어진다.

- 국가 대중교통DB(https://www.kotsa.or.kr/ptc/)

  한국교통안전공단에서 구축한 홈페이지로 현행 대중교통육성법에 의해 실시하는 대중교통 현황 조사 결과가 공개되어 있다.

- 국가에너지통계종합정보시스템(http://www.kesis.net/)

  에너지경제연구원이나 기타 에너지 관련 공기업 등에서 생산한 통계를 확인할 수 있다. 특히 석유가 교통에서 소비되는 에너지원 대부분을 차지하므로 주의 깊게 볼 필요가 있다.

- 국토교통 통계누리(https://stat.molit.go.kr/)

  국토교통부에서 구축한 교통 통계 사이트로 현재 수송 부문 온실가스 감축 수단으로 도입된 자동차 총주행거리 데이터를 확인할 수 있다.

- 국토교통부(http://www.molit.go.kr/)

  교통 분야 중앙정부 계획, 정부 고시 내용을 확인하기 위해 활용해야 한다.

- 국토교통부 대도시권광역교통위원회(http://www.molit.go.kr/mtc)

  옛 수도권교통본부 당시에는 수도권 등 광역권 통행 데이터를 구축했다. 지금은 광역교통기본계획을 수립하고 이를 추진할 책임을 진다.

- 서울시 교통본부(https://news.seoul.go.kr/traffic/)

  속도, 교통량 등 실제 도로 상황에 대한 데이터를 확인할 수 있다.

- 서울연구데이터베이스(https://data.si.re.kr/)

  서울연구원의 도시연구 데이터를 확인할 수 있는 홈페이지이다.

- 에너지경제연구원(https://www.keei.re.kr/)

  에너지정책 전반을 다루고 통계를 생산하는 국책연구기관. 교통에는 에너지가 필요하다. 특히 에너지 전환 상황에서 교통의 미래를 그리기 위해서는 에너지정책을 함께 추적해야 한다.

- 전국 시도 홈페이지

  운수사업법에 의해 수행해야 하는 시내버스 경영 및 서비스 평가보고서가 공개되어 있다. 공개되어 있지 않다면 공개를 요청할 필요가 있다. 법정 평가로 매년 수행한다.

- 전국버스운송사업조합연합회(http://www.bus.or.kr/)

전국 버스 사업자들이 공개한 통계를 확인할 수 있다.

■ 지방재정365(https://lofin.mois.go.kr/)

전국의 지방자치단체 재정 현황을 확인할 수 있는 포털이다. 지방
자치단체마다 편성한 교통 분야 예산 현황 및 실제 재정지출 현황
을 확인할 수 있다.

■ 철도공사 데이터페이지(https://info.korail.com/publicData/)

철도공사 역시 홈페이지를 개선해 공개 데이터 제공 툴을 만들었다.

■ 철도통계연보자료(https://www.kric.go.kr/jsp/handbook/sta/
statisticsTechList.jsp)

철도산업과 수송에 관한 다양한 데이터를 시계열로 구축하고 있
다. 1966년에 처음 발행되었다. 매년 가을에 발행되며 2017년 이
후에는 도시철도, 민자 광역철도 분야 데이터도 공개하고 있다.

■ 한국교통연구원(https://www.koti.re.kr/index.do/)

교통 전문 국책연구기관으로 교통과 관련한 여러 국가 연구 사업
을 수탁하고 있다.

■ 한국도로공사(https://www.ex.co.kr/)

매년 홈페이지를 통해 고속도로 교통량 관련 통계를 정리해 발표
한다.

■ 한국전력통계

한국전력이 생산하는 통계 연보. 현재 전기차는 소수이며 철도의
전력 소모량은 전체의 1~2% 남짓이므로 교통을 이해하기 위해
전력망을 이해하는 것은 상대적으로 덜 중요하다. 하지만 전기화
가 진행될수록 교통을 이해하기 위해 전력 통계를 이해할 필요성
도 커질 것이다.

■ 환경부 온실가스종합정보센터(https://www.gir.go.kr/)

환경부에서 구축한 온실가스 인벤토리 구축 자료, 가이드라인과 더불어 온실가스 국가 통계를 제공한다.

■ 행정안전부(https://www.mois.go.kr/)

자전거 통계는 행정안전부 내의 통계 메뉴에서 찾아볼 수 있다. 자전거도로, 주차장, 수리센터 같은 시설과 주요 도시의 활성화 대책, 교통사고 발생 현황, 시도별 통근통학인구 자전거분담률 등의 정보를 제공한다.

■ KDI 공공투자관리센터(https://pimac.kdi.re.kr/)

교통을 포함해 다양한 건설 공공 투자에 대한 예비타당성조사를 수행한다. 최종 보고서가 모두 공개되어 있다.

• 그 외에 각 도시(특별, 광역, 일반 시)의 도시계획은 시청 홈페이지에 고시되어야 한다. 해당 도시계획에 따라 도시 교통망이 구축되므로 반드시 참조해야 한다.

• 각급 지방정부는 매년 '통계 연보'를 발표하며, 연보에 수록된 지표는 대체로 수십 년 이상의 시계열을 구성하므로 지역 변화를 추적하는 기초 자료로 활용할 수 있다.

• 광역지자체는 모두 부설 연구기관을 보유하고 있으며, 최근에는 특정 시 역시 연구기관을 창설하는 추세이다. 이들 기관은 실제 각 지역의 교통계획을 수립하고 평가하는 역할을 하므로 발행하는 보고서를 자세히 검토해야 한다.

[동료 시민에 대한 조사] 조중래 선생님을 떠나보내며

공해 문제에 관한 선구적인 시민활동가이자 교통정책의
토대를 일군 조중래 선생님이 세상을 떠났습니다. 공공교통네
트워크는 선생님의 죽음을 깊이 애도합니다.

우리 단체와 선생님의 인연은 2021년 가을 네 차례의 세미
나로 시작되었습니다. 매우 짧은 시간이었지만 선생님과의 만
남은 강렬했습니다. 정부에서 추진하던 GTX 계획이 불확실한
수요 예측 위에 놓여 있으며, 수도권 중심주의라는 잘못된 국
토발전 방향을 가지고 있음을 시종일관 설득력 있게 보여주셨
습니다. 그리고 이 부분에 대해 공공교통네트워크와 같은 시민
단체가 지속해서 관심을 가져야 한다고 강조하셨습니다.

우리는 이 만남을 통해서 용인경전철, 의정부경전철, 지하
철 9호선 등 민자 경전철 사업에 대한 활동을 통해 얻은 경험적
인 사실인 '검증되지 않는 수요 예측'이 분명한 사실이며, 이 위

에 세워진 교통정책의 경제적 타당성이 얼마나 허약한가를 재차 확인할 수 있었습니다. 단 한 번도 아카데믹의 전문가들이 인정하지 않았던 그 문제가 학술적으로 재검증이 불가능한 자의적인 데이터 분석을 통해 왜곡될 수 있음을 알려주셨습니다. 그것은 방법론의 문제 이전에 학자의 윤리에 관한 문제, 시민의 알 권리에 관한 문제이며 궁극적으로 '누가 결정할 것인가'를 둘러싼 민주주의의 문제라는 점을 알 수 있는 계기가 되었습니다.

우리는 조중래 선생님과의 만남이 이어지기를 원했고, 선생님께 2022년 '시민교통강좌'를 제안했습니다. 지난 1월의 일입니다. 그리고 어렵게 연락이 이어진 2월, 오래전에 앓았던 병이 재발했음을 알게 되었습니다. 6개월 동안 지역에서 공항이나 도로, 교량 등 새로운 교통시설의 필요성을 둘러싸고 갈등 중인 시민을 대상으로 진행하고자 했던 시민교통강좌를 진행할 수 없게 되었습니다.

선생님에게 남은 시간은 고작 두 달 정도에 불과했습니다. 서둘러 선생님의 강좌를 구술 방식으로 정리하자고 제안했고, 선생님은 어려운 상황에서도 흔쾌히 승낙하셨습니다. 4월 초까지 네 차례의 구술 작업이 진행되었습니다. 특히 상황이 갑자기 안 좋아졌던 3월 말 "다른 것은 몰라도 구술 작업은 마치고 가야겠다"라며 연락을 주셔서 2시간에 가까운 구술 작업을 이틀에 걸쳐 진행하기도 했습니다.

선생님은 구술 과정에서 개인의 삶보다 한국의 교통정책이 가지고 있는 구조적인 오류와 더불어 지나치게 행정 의존적인 아카데믹의 경향성을 비판하는 데 시간을 쓰셨습니다. 특히 완벽한 모델링은 존재하지 않는다, 다만 시민이 합리적으로 선택할 수 있도록 근거를 제시할 수 있을 뿐이라는 관점을 보여주셨습니다. 그러므로 수요 예측이 되었든 경제적 분석이 되었든, 사후에 재검증이 가능할 수 있도록 연구진이 활용하고 조정한 실제 데이터를 공개하도록 하는 것이 매우 중요한 과제라고 강조하셨습니다. 선생님이 살아 계실 때 그 내용을 제대로 엮어 책을 내지 못한 것이 죄스럽습니다.

조중래 선생님은 1990년대 중반 최초로 서울시의 가구통행실태조사를 실시함으로써 현재 사용되는 가장 대표적인 교통실태조사의 토대를 만들었습니다. 2000년대 초 자동차의 배출가스를 실증적으로 측정하기 위한 모델링을 시도했으며, 마지막까지 해외의 교통수요 모델링 소프트웨어를 뛰어넘는 도구를 개발하고 확산하는 데 애쓰셨습니다. 그 이전에는 한국의 공해 문제를 사회문제로 인식하도록 노력한 환경운동의 선구자 중 한 명이었습니다. 짧은 만남을 통해서 조중래라는 한 인간이 우리가 의식하지 못하는 사이에 우리의 운동을 뒤에서 지지해주는 역사적 배경이었다는 사실을 깨달았습니다. 다만 그 만남이 오래 지속되지 못함을 애달파할 따름입니다.

몇 차례의 만남에서 대학 교수직을 은퇴한 노학자가 공공교통네크워크라는 단체를 찾은 이유가 무엇인지를 여쭐 수 있었습니다. 선생님은 행정관료의 입맛에 맞춰 제대로 검증도 되지 않은 채 시행되는 교통정책에 대해 시민운동이 지속해서 감시하고 견제할 필요가 있다는 점을 강조하셨습니다. 그러기 위해서는 시민운동이 더욱더 전문적인 내용을 배워야 하며 각종 보고서나 전문가의 발표 자료에 나열된 숫자의 뒷면을 볼 수 있어야 한다고, 그것을 우리와 해보고 싶었다고 말씀하셨습니다.

선생님은 끝내 떠나셨지만, 우리는 이제까지와 마찬가지로 교통정책의 민주적 통제와 공공교통의 강화를 통한 교통기본권 확보를 위해 노력할 것입니다. 그리고 교통정책이 일부 전문가 집단과 행정관료에 의해 좌우되는 블랙박스에서 벗어나 분명한 책임과 검증을 전제로 공개적이고 투명하게 다루어질 수 있도록 시민과 함께 운동할 것입니다. 이것이 선생님 생의 마지막을 동료 시민으로 짧게 함께할 수 있었던 우리의 약속입니다. 부디 영면하시길 바랍니다. 공공교통네트워크의 많은 동료, 시민들께서도 선생님이 가시는 길을 함께 추모해주시길 부탁드립니다.

깊은 슬픔을 담아 조중래 선생님의 발인에 부쳐 이야기를 전합니다.

2022년 5월 24일
공공교통네트워크

[단체 소개] 공공교통네트워크

　　교통의 공공성과 교통노동자의 노동안전, 이동자의 이동
권 보장을 위해 교통 관련 노동조합과 시민단체, 장애인 등 당
사자 단체가 함께 만든 교통운동 네트워크다. 2007년 교통노동
자의 건강권 보장을 목적으로 출발했고, 2011년 이용자의 교통
권을 기본권으로 제안하는 운동을 전개하기로 하면서 공공교
통이라는 말을 단체에 사용하기 시작했다. 내내 추진위원회라
는 이름으로 운영하다가 2020년부터 법인 단체 등록을 준비 중
이다.

　　공공교통네트워크 정책위원회는 그동안 지방선거와 총
선 때 공공교통 정책의제를 정당에 제안하는 활동을 했다. 또
한 버스준공영제 대안을 위한 현장 연구, 광역교통체계의 효과
적인 운영을 위한 통합교통체계 제안, 지하철 분야에 확대되고
있는 민자사업에 대한 효과성을 실증적으로 분석하고 대안을
제시하는 등의 정책 연구를 수행해왔다.

시민 교통

1판 1쇄 발행 2023년 4월 25일

지은이 조중래 김상철 전현우 | **펴낸이** 임중혁 | **펴낸곳** 빨간소금

등록 2016년 11월 21일(제2016-000036호)

주소 (01021) 서울시 강북구 삼각산로 47, 나동 402호 | **전화** 02-916-4038

팩스 0505-320-4038 | **전자우편** redsaltbooks@gmail.com

ISBN 9979-11-91383-31-7 (03300)